에클레시아 : 부르심을 받은 자들

에클레시아 : 부르심을 받은 자들

이찬수

규장

차례

프롤로그

참 좋은, 사랑하는 공동체

최근에 나온 신문기사 하나가 나를 어리둥절하게 만들었다. 통계청이 발표한 '2015 인구주택총조사 종교 인구 표본 집계'를 다룬 기사였는데, 머리기사가 이랬다.

"대한민국 '제1의 종교' 된 개신교… 10년간 120만 명 이상 증가."

이해가 안됐다. 내가 만나는 목사님들 대부분이 교회 출석 성도가 줄어들고 있다고 고민하고 있는데, 그리고 장로교를 비롯하여 각 교단의 자체 조사에서도 신자 숫자가 뚜렷하게 줄고 있다고 하는데 어떻게 이런 결과가 나올 수 있을까?

이것에 대해 전문가들이 다양한 분석 결과를 내놓았는데, 그중에서 내 눈에 들어오는 것이 하나 있었다. "스스로 개신교 신자라 생각하지만 교회에 나가지 않는 성도, 이른바 '가나안 성도'들이 통계치에 반영됐을 것"이라는 분석이 그것이었다. 그 기사를 보는 순간 간혹 교회 바깥에서 만나는 사람들에게서 듣는 말이 떠올랐다.

"종교는 기독교입니다. 하지만 교회는 나가지 않아요."

참 가슴 아픈 말 아닌가? 왜 종교는 기독교라고 하면서 교회는 나가지 않는 걸까? 이 질문에도 여러 분석이 가능하겠지만 근본적으로 '교회에 대한 오해나 잘못된 지식' 때문이지 않을까 하는 생각을 해본다. 이 책은 이런 이유 때문에 내게 되었다.

이 책의 1장에서도 언급했지만, 사실 교회는 좋은 곳이다. 나는 내 생애를 통틀어 교회만큼 좋은 공동체를 만나보지 못했다. 어릴 때부터 나는 교회에 많은 사랑의 빚을 졌다. 힘들 때 내 등을 두드려주며 격려해준 곳도 교회였고, 평생 품고 기도해야 할 가슴 벅찬 비전도 교회에서 만난 믿음의 친구들과 함께 나누고 다듬었다.

그런가 하면 교회를 통해 일하시는 하나님께서는 또 얼마나 놀라운 일들을 많이 이루어주셨던가?

분당우리교회를 개척한 직후에 3개월 시한부 선고를 받았던 당시 17살 청소년이 있었다. 병원으로부터 너무나 가슴 아픈 선고를 통보 받은 이후로 모든 성도들이 내 자식처럼 품고 기도하기 시작했다. 그 아이가 누군지 본 적도 없는 사람들이 대부분이었지만 이름 불러가며 울면서 기도했다.

수술 당일에는 전혀 모르는 청년 한 명이 병원에 찾아와 이른 아침부터 수술이 끝나는 저녁까지 기도해주었다. 16시간 30분의 대수술, 생존율 10퍼센트라고 했던 의료진들의 우려를 뒤로 하고 하나님은 이 아이를 살려주셨다. 당시 17세 청소년이었던 그는 멋진 청년으로 자랐다. 수술 후유증으로 어려움을 겪는 중에도 사회복지를 전공해 장애인들을 섬기며 선교사의 꿈을 꾸고 있다.

교회는 바로 이런 곳이다.

하나님을 아버지라 부르는 믿음의 형제와 자매들이 서로 마음을 다하여 사랑하고 섬기며 기도해주는 곳, 그런가 하면 하나님께서 아버지 되어주셔서 기적 같은 은혜를 베풀어주시는 곳, 이 좋은 공동체가 교회이다.

물론 연약한 사람들이 모인 공동체인 까닭에 교회 안에서 넘어지고 쓰러지는 일들도 있다. 하지만 본질적으로 교회는 좋은 곳이다. 하나님이 직접 우리를 부르셔서 세우셨고, 자녀 삼아주셨으며, 사랑을 나누게 하셨다. 이 좋은 교회가 여러 상황과 이유로 오해 받고 또 외면 받는 현실이 마음 아프다.

2015년 말 기준 우리나라의 1인 가구는 506만 가구로 전체의 27.1퍼센트를 차지했다고 한다. 젊은 미혼들과 사별 등의 이유로 홀로 된 고령층이 증가했기 때문인데, 이들을 가리키는 '혼족'이란 신조어가 생기기도 했다. 외식, 유통 등 다양한 업종에서 이들에게 맞는 서비스를 개발, 제공하여 큰 호응을 얻고 있으며, 편의점에서는 양질의 도시락, 택배 보관 서비스로 전년 대비 21.8퍼센트 매출이 올랐다고 한다.

'혼자 있어서 외롭겠다'는 생각이 어느덧 '홀로의 삶을 즐겨보자'는 시대로 바뀌고 있다. 당당히 혼밥(혼자 밥 먹는 것)을 하고, 혼영(혼자 영화 보는 것)과 혼쇼(혼자 쇼핑하는 것)를 즐기고, 혼놀(혼자 노는 것)이 편한 사람들이 늘고 있다.

그러나 신앙생활은 혼족처럼 할 수 없다. 하나님은 우리로 함께 모여 공동체를 이루게 하셨고, 그 안에서 그리스도의 사랑을 배우고, 나누고, 누리고, 흘려보내도록 하셨다.

이 책을 통해 교회에 대한 잘못된 지식이나 오해가 풀리기를 바란다. 그래서 "종교는 기독교입니다만 교회는 나가지 않습니다"라고 말하던 사람들이 교회로 돌아올 뿐 아니라, 나처럼 "교회만큼 좋은 공동체를 본 적이 없습니다"라고 고백하는 사람들이 많아지기를 바란다.

꼭 그런 일이 일어나기를 바라며 기도한다.

이찬수 목사

사랑,
교회의 본질

사도행전 2장 43–47절

사람마다 두려워하는데 사도들로 말미암아 기사와 표적이 많이 나타나니 믿는 사람이 다 함께 있어 모든 물건을 서로 통용하고 또 재산과 소유를 팔아 각 사람의 필요를 따라 나눠주며 날마다 마음을 같이하여 성전에 모이기를 힘쓰고 집에서 떡을 떼며 기쁨과 순전한 마음으로 음식을 먹고 하나님을 찬미하며 또 온 백성에게 칭송을 받으니 주께서 구원 받는 사람을 날마다 더하게 하시니라

01

나의 고민
나의 사랑

사랑하다, 고민하다

현실 교회를 바라보는 우리의 마음은 여러 가지로 복잡하다. 그런 내게 책 제목 하나가 마음에 와 닿았다. 필립 얀시(Philip Yancey)가 쓴 《교회, 나의 고민 나의 사랑》이란 책이다. 나는 이 책의 제목을 볼 때마다 여기에 복잡한 내 마음이 다 담겨 있다는 생각을 한다.

교회는 영원한 우리의 사랑의 대상이다. 그러나 현실 교회를 보면 우리의 고민이기도 하다.

'교회는 왜 이렇게 흘러갈까? 어떻게 하면 이런 것들을 막고 건강한 교회로 서게 할 수 있을까?'

이것이 우리의 고민이다. 이런 복합적인 감정을 가지고 교회에 대해 살펴볼 텐데, 사실 지상교회를 보는 내 마음은 두 갈래로 나뉜다. 하나는 교회란 곳이 참 '좋은 곳'이란 생각이다. 난 교회 공동체만큼 좋은 데가 없다고 생각한다. 내 평생 교회만큼 좋은 곳을 본 적이 없다. 이것은 나에게 영원히 변함없는 생각의 한 중심축이다.

어린 시절, 가난하고 놀거리도 없고 꿈과 희망을 주는 데도 별로 없던 그때 교회가 나에게 꿈의 산실이 되었고, 교회에서 만난 고마운 어른들의 격려 덕분에 내가 지금 여기까지 올 수 있었다. 이민 가서도 마찬가지였다. 미국에 처음 가서 너무나 고생스럽고 혼미한 상태에 빠져 있을 때 나를 살려준 곳이 교회였다. 나는 지금도 그 교회들을 잊을 수가 없다. 이렇게 나는 '교회는 정말 좋은 공동체'란 생각을 가지고 있다.

그런가 하면 교회와 관련한 또 한 가지 생각은, 교회가 이처럼 좋은 곳이지만, 또한 병들기 쉽고 변질되기 쉬운 공동체란 것이다.

나는 미국에 있을 때 세 교회를 다녔다. 세 교회 모두 너무나 아름다운 교회였다. 맨 처음 이민 가자마자 다녔던 교회는 말씀 좋기로 소문난 교회였다. 온 가족이 다니면서 은혜를 누렸다. 어린 내 눈에도 성도들이 너무 순수하고 맑고 착하고 성숙했다. 그래서 설교뿐만 아니라 그 분들을 통해서도 은혜를 많이 받았다.

그러다 대학교를 다니면서 캠퍼스 사역과 청년 사역이 활발했던 교회로 옮겼다. 그 교회도 평생 잊을 수 없는 교회다. 힘든 유학생활 가운데 서로가 서로를 위로하고 의지하며 세워나가는 교회였고,

젊은이들을 잘 후원하는 교회였다. 그래서 그때 만났던 선후배들을 지금도 잊지 못하고 있다.

그런가 하면 대학교를 졸업하고 마지막 세 번째로 다녔던 교회도 잊히지 않는 교회다. 나는 그 교회에서 성가대를 했었다. 물론, 목소리가 좋아서 들어간 것은 아니었다. 노래를 좋아하긴 했지만, 사실 성가 연습은 좀 지루하고 힘들었다. 하지만 성가대 모임에만 가면 엿새 내내 영어 못한다고 미국 사람들에게 시달리고, 공부 스트레스에 시달리던 내가 얼마나 많은 사랑을 받았는지 모른다. 연습이 끝나면 지금도 잊히지 않을 정도로 과분하고 넘치는 사랑을 받았다. 내가 힘들게 산다는 얘길 듣고 먹을 것을 사다 주기도 하고, 집으로 초대하여 푸짐하게 대접해주기도 했다. 그렇게 풍성한 사랑을 그곳에서 받았다.

이렇게 세 교회 모두 나에겐 꿈의 교회고, 잊을 수 없는 소중한 교회들이다. 그런데 불행하게도 내가 한국으로 돌아오고 난 뒤에 공통적으로 세 교회가 다 쪼개지는 아픔을 겪었다. 순수하고 착하고 심성이 곱던 분들이 서로를 미워하고 분노하고 원수를 맺고 멱살잡이를 하다가 결국 교회가 갈라지고 말았다는 소식을 세 번씩이나 들어야 했던 나는 마음이 많이 아팠다.

이것은 한국으로 되돌아온 후에 만난 교회들도 마찬가지였다. 목사가 되겠다고 한국에 돌아와서 신학교에 들어간 이후로 내가 다닌 교회는 두 교회였다. 신학교를 다닐 때 한 교회를 다녔고, 신학교를 졸업하는 그 해에 또 다른 한 교회를 다녔다. 이 두 교회 역시 성숙하고 좋은 교회로 소문난 교회들이었다. 말씀이 좋고 목사님이 인격적이셨고, 뿐만 아니라 성숙한 성도들이 많이 있어서 머리가 숙여지는 그런 교회였다. 그래서 나는 '하나님이 교회 잘 만나는 복을 주셨구나' 하면서 감사했다.

그런데 슬프게도 내가 그 교회를 떠나고 몇 년이 지난 후에 두 교회 다 상상을 초월하는 아픔을 겪었다. 서로를 미워하고 분노하고, 마음이 나뉘고 교회가 갈라지는 일들이 일어났다. 이런 일들이 나를 너무 힘들게 했다. 이쪽 편에 서서 힘들어하는 분이나 저쪽 편에 서서 힘들어하는 분이나 모두가 내가 주 안에서 사랑하고 존경하던 분들인데, 어쩌다가 이런 일이 생겼나 하는 생각이 들었다. 누구의 잘잘못을 떠나 너무 마음이 아팠다.

그뿐만이 아니다. 하루가 멀다 하고 미국에서, 영국에서, 유럽 어느 어느 지역에서, 아시아 어느 지역에서, 또 한국의 부산에서, 광주에서, 서울에서 끊임없이 들려오는 교회의 다툼과 분쟁 소식이 나를 너무 힘들게 했다.

그래서 급기야 3년 전쯤엔 내 마음이 무너지면서 슬럼프가 왔다. 목회의 자신이 없어졌다.

'다행히 분당우리교회는 아직까지 그런 분열과 다툼의 모습은 없지만, 내가 다니던 교회의 90퍼센트 이상이 다 그런 아픔을 겪었고, 또 끊임없이 그런 소식이 들려오고 있는데 분당우리교회라고 10년

뒤, 20년 뒤에 그 길을 밟지 않는다는 보장이 어디 있겠는가?'

이것이 내게 두려움으로 다가오면서 목회에 대한 회의(懷疑)가 찾아왔다.

'뭐 하러 이렇게 죽도록 설교 준비하고, 말씀 전하고, 심방하는가? 해봐야 무슨 소용 있는가? 한 대만 지나면 교회가 또 어려움을 겪을 텐데. 나는 지금 소용없는 짓 하는 것 아닌가?'

그렇게 시험에 빠지니 갑자기 교회가 무서워졌다. 성도들이 무서워졌다. 저렇게 온순하고 착하게 말씀 듣고 있지만, 언제 누가 야수로 돌변할지 모르는 게 교회였다. 교회가 시험을 만나면 우선 사람이 무섭게 변했다. 새빨간 거짓말로 모함을 하고, 루머를 퍼뜨리고, 또 그것을 확인도 안 하고 확대재생산한다. 카카오톡 같은 SNS가 너무 아름다운 교제의 도구가 되기도 하지만, 때로는 사탄의 고속도로 역할을 하는 것을 봤다. 끊임없이 비방하고 문제를 전달한다. 그런 모습을 보면서도 마음이 많이 힘들었다.

하나님의 위로와 새로운 각오

그런데 하나님은 너무 신실하셔서 그런 나를 내버려두지 않으시고, 꾸짖으시고 격려해주심으로 회복해주셨다. 하나님께서 나에게 주신 간섭하신 내용은 딱 이거였다.

'이 목사, 너 지금 월권하고 있어. 너는 한국교회를 책임질 위치에 있는 사람이 아니야. 더군다나 일어나지도 않은 일, 은퇴하고 난 이

후의 일을 당겨서 고민하고 있는 게 옳은 일이냐? 넌 네 할 일만 잘해라! 교회는 내가 책임진다.'

그리고 앞에서 언급한 필립 얀시의 《교회, 나의 고민 나의 사랑》에 나오는 한 대목을 보면서 참 많은 위로를 받았다. 거기에 보면 J. F. 파워스가 쓴 글을 이렇게 인용했다.

빌, 이 큰 배는 낡아서 삐걱거리고 이리저리 흔들린다네. 그래서 구토가 날 때도 있지. 하지만 이 배는 목적지까지 잘 간다네. 언제나 그랬고 앞으로도 영원히 그럴 걸세. 자네가 있든 없든 상관없이 말일세.

이 글이 내게 참 위로가 됐다. 그러면서 다시 힘주실 하나님을 의지하며 힘을 내보기로 결심했다.

'하나님이 간섭하시는 교회가 되도록 하자. 내가 은퇴한 후에 어떤 일이 일어날까, 내가 목회하는 가운데 교회에 무슨 일이 일어나면 어떻게 하나 하는 두려움은 다 내려놓고 그저 내게 맡겨진 일에 최선을 다하자. 나에게 주어진 시간이 지나면 조용히 무대 뒤로 사라지는 그런 목회를 하자. 그리고 내가 교회를 섬기는 동안 이 교회가 사탄의 공격에 노출되지 않도록 최선을 다해서 울타리 역할을 감당해야겠다. 하나님, 힘 주옵소서! 함께 울고 함께 웃는 그런 교회가 되도록 종에게 간섭하여주옵소서!'

그러면서 성도들과 함께 교회론에 대해 차근히 나눠야겠다는 생각을 했다. 이 책도 그런 측면에서 기울이는 한 노력이라고 볼 수 있겠다.

2014년 경주의 한 리조트 체육관에서 천장이 순식간에 내려앉아 10명이 사망하는 대형 참사가 일어났다. 아무리 현란한 조명을 달고 음악을 틀어놓고 매력적인 공간으로 잘 꾸며놓았어도 기초가 부실하면 지붕에 쌓인 눈의 무게도 견디지 못하고 폭삭 내려앉기 마련이다.

교회 역시 마찬가지다. 이벤트와 행사도 중요하지만, 근본적으로 기초를 다시 확고히 해야 한다. 그래서 2천 년 기독교 역사 가운데 교회가 어떻게 시작되었고, 어떤 흐름으로 이어져왔으며, 교리적으로 어떤 중심을 세워왔는지 정리할 필요가 있다.

이 장(章)에서 살펴볼 내용은 교회론을 다루는 데 있어서 가장 중요한 기초공사에 해당한다. 뼈대를 세우는 일은 매우 중요하다. 우리가 세워야 할 교회의 중요한 두 기둥이 있는데, 그것은 사랑의 기둥과 영성의 기둥이다. 그중에서 '사랑의 기둥'을 세우는 것에 대해 먼저 살펴보려고 한다.

교회는 사랑하는 곳

언젠가 하와이에서 목회하고 있는 웨인 코데리오 목사님이 쓴 《세상을 가슴 뛰게 할 교회》란 책을 읽은 적이 있다. 이 책의 부제는 '하나님과 사람 모두에게 사랑받는 교회의 열두 가지 특징'이다. 얼마나 아름다운 이야기인가? 하나님께도 사랑받고 사람에게도 사랑받는 그런 교회를 만들려면 12가지 특징을 가져야 하는데, 그중 하나가 이것이다.

"처음부터 끝까지 사랑만 있는 교회."

이것이 하나님과 사람에게 인정받고 사랑받는 교회가 되기 위한 특징 중 하나란 것이다. 그 책에서 언급하는 고린도후서 5장 13,14절 말씀을 보자.

> 우리가 만일 미쳤어도 하나님을 위한 것이요 정신이 온전하여도 너희를 위한 것이니 그리스도의 사랑이 우리를 강권하시는도다 고후 5:13,14

교회가 교회 되기 위해서는 이 강권하시는 그리스도의 사랑의 능력이 있어야 한다. 그러면서 이런 질문을 던지게 되었다.

'우리는 어느 힘에 의해서, 어떤 강권에 의해서 삶을 지탱하고 있는가? 목회자인 나는 어떤 힘이 지탱하고 있는가? 무엇이 나를 견인하고 있는가? 새벽부터 일어나 설교 준비하고, 성도 만나고, 기도해주고, 눈물 닦아주는 일을 쉼 없이 할 수 있는 원동력은 어디에서 나오는가?'

나의 모든 목회와 애씀의 원동력은 강권하시는 그리스도의 사랑으로부터 흘러나온다. 그리스도의 강권하시는 사랑으로 이 사랑을 흘려보내는 게 목회이다. 이 사랑이 빠져버리면 어떻게 되는가?

내가 사람의 방언과 천사의 말을 할지라도 사랑이 없으면 소리 나는 구리와 울리는 꽹과리가 되고 고전 13:1

아무 짝에도 쓸모없고 소리만 요란한 '소리 나는 구리와 울리는 꽹과리'가 되어버린다. 이 사실을 잊어선 안 된다.

교리보다 중요한 것, 사랑

교회에 대한 두려움과 염려가 찾아왔다가 하나님의 위로와 격려로 자유함을 얻게 되면서 교회를 다시 돌아보자는 생각에 사도행전 2장을 폈다. 사도행전 2장은 처음 교회가 태동될 때의 모습을 담고 있다. 내가 그래도 목사이고 신학교 들어간 이후로 꾸준히 성경 공부하고 신학 공부한 지가 벌써 30년이 다 되어간다. 그런데 그때 사도행전 2장을 읽다가 전혀 새로운 각도로 보게 된 것이 하나 있었다.

그게 뭔가 하니, 성경이 초대교회 태동을 기록하면서 교회의 모습을 보여주는데, 그 접근 방식이 전혀 이론이나 논리가 아니란 사실이다. 그럼 어떻게 접근하는가? 한번 보자. 성경은 예루살렘교회가 태동할 때의 상황을 이렇게 묘사한다.

믿는 사람이 다 함께 있어 모든 물건을 서로 통용하고 또 재산과 소유를 팔아 각 사람의 필요를 따라 나눠주며 날마다 마음을 같이하여 성전에 모이기를 힘쓰고 집에서 떡을 떼며 기쁨과 순전한 마음으로 음식을 먹고 하나님을 찬미하며 또 온 백성에게 칭송을 받으니 주께서 구원 받는 사람을 날마다 더하게 하시니라

행 2:44-47

여기 보면, '교회는 이래야 한다, 이런 방식으로 진행해야 한다' 하는 식으로 접근하지 않는다. 무조건 사랑하는 모습을 보여주고 있다. 무조건 용납하고 기뻐하는 모습을 보여주는 것이다. 물질적으로 좀 부한 사람은 경제적으로 어려운 사람들과 같이 나누었다. 유무상통(有無相通)하는 것이다.

성경이 하나님이 보여주시고자 하는 교회의 모습을 이론이나 논리로 접근하지 않고 '사랑하는 모습'으로 그리고 있다는 것은 뭘 의미하는가?

교리도 필요하다. 배워야 한다. 역사도 알아야 한다. 그러나 무엇보다 중요한 것은 그렇게 배운 교리와 역사가 실제 삶 속에서 '사랑과 용서'로 녹아나야 한다는 것이다. 교회는 사랑하는 곳이다. 베푸는 곳이다. 용서하는 곳이다. 용납하는 곳이다. 이런 맥락에서 교회는 논리도 필요하고 이론도 필요하지만, 이 모든 것을 아우르는 가장 상위에 사랑이 있어야 한다.

위로는 강권하시는 그리스도의 십자가 사랑이 계속 공급되어야 한다. 그리고 그 사랑이 내게 부어졌을 때, 그 사랑을 흘려보내어 서로를 사랑하고 용납하는 일들이 계속 일어나야 한다. 요한일서

4장 16절에 이런 말씀이 있다.

> 하나님이 우리를 사랑하시는 사랑을 우리가 알고 믿었노니 하나님은 사랑이시라 사랑 안에 거하는 자는 하나님 안에 거하고 하나님도 그의 안에 거하시느니라
>
> 요일 4:16

혹시 우리는 정말 중요한 것을 놓치고 있지는 않은가? 이런 맥락에서 오늘날 우리 교회가 반드시 복구해야 할 기둥 중 하나인 '사랑의 기둥'과 관련하여 두 가지 사실을 나누고 싶다.

가장 중요한 척도는 사랑이다

첫째로 교회의 건강성을 재는 가장 중요한 척도는 '사랑'이란 사실이다.

이것이 무슨 뜻인지 예를 들어 설명해보자. 우리가 잘 아는 고린도교회는 두 가지 양상을 띠던 교회였다. 한 가지 특징은 무엇인가?

> 이는 너희가 그 안에서 모든 일 곧 모든 언변과 모든 지식에 풍족하므로 그리스도의 증거가 너희 중에 견고하게 되어 너희가 모든 은사에 부족함이 없이 우리 주 예수 그리스도의 나타나심을 기다림이라 고전 1:5-7

5절을 표준새번역으로 보면 이렇다.

여러분은 그리스도 안에 살면서 모든 면에서 곧 온갖 언변과 온갖 지식에 풍족하게 되었습니다 고전 1:5, 표준새번역

고린도교회는 대단한 교회였다. 영적 지식이 풍성했다. 신령한 영적 은사도 풍성했다. 방언의 은사, 방언을 통변하는 은사, 병 고치는 은사, 예언의 은사 등 각종 신비한 은사들이 나타났다. 이것이 고린도교회의 한 특징이다.

그러면 또 다른 특징은 무엇인가?

내 형제들아 글로에의 집 편으로 너희에 대한 말이 내게 들리니 곧 너희 가운데 분쟁이 있다는 것이라 내가 이것을 말하거니와 너희가 각각 이르되 나는 바울에게, 나는 아볼로에게, 나는 게바에게, 나는 그리스도에게 속한 자라 한다는 것이니 그리스도께서 어찌 나뉘었느냐 바울이 너희를 위하여 십자가에 못 박혔으며 바울의 이름으로 너희가 세례를 받았느냐 고전 1:11-13

이것이 고린도교회의 또 다른 양상이었다. 부끄럽게도 고린도교회는 이렇게 상반된 두 모습을 보여주었는데, 그렇다면 사도 바울은 고린도교회를 어떻게 평가하는가?

형제들아 내가 신령한 자들을 대함과 같이 너희에게 말할 수 없어서 육신에 속한 자 곧 그리스도 안에서 어린아이들을 대함과 같이 하노라 내가 너희를 젖으로 먹

이고 밥으로 아니하였노니 이는 너희가 감당하지 못하였음이거니와 지금도 못하리라 고전 3:1,2

고린도교회 성도 입장에서는 얼마나 자존심 상하는 이야기인가? 어린아이 취급당하고 있는 것이다.

"너희에게는 밥을 못 먹인다. 너희들은 젖을 먹어야 해!"

성경적으로 대단한 지식이 있고, 신령한 은사가 나타나 각종 다양한 은사들을 다 경험하고 누리고 있는데, 바울은 그들을 향해 "너희들은 아직 젖먹이"라고 말하고 있는 것이다.

그렇다면 바울은 고린도교회를 왜 그렇게 미숙한 교회로 치부했는가? 바울의 기준이 3절에 나와 있다. 그는 이렇게 평가했다.

너희는 아직도 육신에 속한 자로다 너희 가운데 시기와 분쟁이 있으니 어찌 육신에 속하여 사람을 따라 행함이 아니리요 고전 3:3

바울이 제시한 건강한 교회의 척도는 그 교회가 얼마나 대단한 성경 지식을 가졌는가에 있지 않았다. 방언과 예언과 통변과 병 고치는 은사와 같은 얼마나 대단한 은사를 가졌는가에 있지도 않았다. 바울이 말하는 건강한 교회의 척도는 딱 하나였다. 그 교회가 얼마나 사랑의 끈으로 하나 되었는가 하는 것이었다.

"그 교회가 얼마나 화목한가? 얼마나 하나 되었는가? 얼마나 사랑하는가? 얼마나 용서하는가? 얼마나 용납하는가? 나와 다른 사람을 수용하려고 애쓰는가?"

이 기준으로 '이 교회는 건강한 교회, 저 교회는 병든 교회'로 나눠진다는 것이다. 그래서 바울은 4절에서 고린도교회 성도들을 무섭게 책망한다. 현대인의성경으로 보면 이렇다.

여러분 가운데 어떤 사람은 나는 바울파다 또 어떤 사람은 나는 아볼로파다 하고 말한다니 여러분이 세상 사람과 다를 게 무엇입니까 고전 3:4, 현대인의성경

바울의 꾸지람이 생생하게 느껴지지 않는가? 고린도교회 성도들은 지금 자기가 방언한다고, 통변한다고, 예언한다고, 병 고치는 은사가 있다고, 성경의 온갖 신령한 지식을 잘 풀이하는 능력이 있다고, 믿음이 좋다고 자랑하고 있는데, 성경의 기준은 전혀 달랐다. 그래서 바울은 "이 미숙한 자들아, 이 연약한 교회야! 너희는 밥을 먹을 수 없고 젖밖에 먹을 수 없는 어린아이 같은 존재들이다"라고 꾸짖고 있는 것이다.

이 꾸지람에서 오늘 우리 한국교회는 예외인가? 분당우리교회는 예외인가? 교회 안에 사랑이 넘치는가? 분열이 없는가? 모여서 사랑하는 척하지만 뒤에서 수군거리고 비방하고 험담하는 일들이 왜 끊이지 않는가? 용서라는 것은 눈 씻고 찾아보기 어려운 게 오늘날의 현대 교회 아닌가? 하나 걸렸다 하면 반 죽을 때까지 두들겨 패는

게 교회 아닌가? 그러면서 '성경공부 많이 하고 헌금 잘하고 예배 열심히 드리니 나는 믿음 좋은 그리스도인'이라고 생각한다.

바울을 통해 고린도교회를 다루셨던 것처럼, 성령께서 오늘 우리 안의 무지와 연약함을 자각시켜주시기를, 그래서 가슴이 아픈 은혜를 누리게 되기를 바란다. 교회는 사랑하는 것으로 평가받는 공동체이다. 우리는 이 말씀을 꼭 기억해야 한다.

사랑하는 자들아 우리가 서로 사랑하자 사랑은 하나님께 속한 것이니 사랑하는 자마다 하나님으로부터 나서 하나님을 알고 사랑하지 아니하는 자는 하나님을 알지 못하나니 이는 하나님은 사랑이심이라 요일 4:7,8

용납하고 용서할 때 능력이 나타난다

2014년 소치 동계올림픽 때 가슴 아픈 일이 일어났다. 유망주였던 박승희 선수가 쇼트트랙 500미터 결승전에서 1등으로 달리다가 그만 넘어지는 사고가 일어난 것이다. 그대로 가면 금메달이었다. 그런데 무리하게 움직이던 영국 선수에 걸려 넘어지고, 곧바로 일어나 달리다가 또다시 넘어지고 말았다. 그 충격으로 무릎을 다쳐 쇼트트랙 1500미터 경기에는 출전도 못했다. 얼마나 억울한 일인가? 경기를 마친 박승희 선수는 눈물을 보였다. 당연하다. 가슴을 칠 일 아닌가? '저 선수만 아니면 내가 금메달인데…' 하는 억울함도 있었을 것이다.

그런데 그 어린 선수를 보며 나는 마음에서 전율을 느끼고 존경심을 갖게 되었다. 인터뷰를 하는데 박승희 선수는 절대로 자기를 밀친 그 선수를 탓하지 않았다.

　"경기가 끝난 직후엔 아쉬웠지만 동메달을 딴 것도 값지다고 생각해요. 결국 제 실력의 결과입니다."

　건드린 그 사람을 탓하지 않고, 내가 실력이 부족하다며 수용하고 환하게 웃었다. 그런데 정말 기뻤던 것은 그 후에 있었던 여자계주 3000미터 경기와 1000미터 경기에 출전하여 모두 금메달을 따 2관왕이 되었다는 것이다. 꼭 내 조카가 금메달을 딴 것같이 기뻤다.

　이게 성경의 원리이다. 박승희 선수가 그 영국 선수를 용서했기 때문에, '저 사람 탓이 아니라 내가 잘못했다'라고 수용했기 때문에 번뇌와 고민 없이 좋은 컨디션으로 이후의 경기를 잘 해낼 수 있었다. 만약에 그가 그 영국 선수를 용서하지 못하고 울분하며 '내 인생을 망쳤다'고 불면의 밤을 보내며 괴로워했으면 나머지 경기는 다 망쳤을 것이다. 용서는 상대를 위해서 하는 게 아니다. 내 영혼을 위해서다. 나 자신을 위해서 하는 것이다.

　용서하는 그곳에는 사탄이 침투할 수 없다. 능력이 나타나기 때문이다. 그리스도의 사랑이 나를 강권하시어, 그 사랑에 내가 흠뻑 젖어 교회 안에 아프고 상한 마음들을 치유하는 용서의 역사가 일어나게 되기를 바란다.

교회는 사랑이 필요한 자들의 공동체

둘째로 교회가 세워야 할 사랑의 기둥과 관련하여 꼭 명심해야할 것은, 교회는 사랑이 필요한 연약한 자들이 모여서 이루는 공동체라는 사실이다.

로마서 14장 1절을 보자.

믿음이 연약한 자를 너희가 받되 그의 의견을 비판하지 말라 롬 14:1

교회는 믿음이 연약한 자를 피할 수 없다. 로마서 15장 1절은 또이렇게 말한다.

믿음이 강한 우리는 마땅히 믿음이 약한 자의 약점을 담당하고 자기를 기쁘게 하지 아니할 것이라 롬 15:1

교회에서 믿음이 약한 자, 시시한 자, 심지어 없는 거짓말로 내게상처를 주는 자, 내게 눈물을 흘리게 하는 자들을 만나면 '저 사람은 내가 감당해야 할 사람이구나' 하면서 그의 연약함을 감당하는시각으로 상대를 바라보라는 것이다.

이런 면에서 보면 약자가 많을수록 좋은 교회이다. 그만큼 내가감당하고 그를 위해 기도하고 용납할 기회가 많아지기 때문이다. 오늘 현실 교회는 이것을 잘 못한다. 약자에 대해 그를 용납하고 수용하는 것이 아니라 미움으로 맺혀버린다. 그래서 험담하고 비방하고 쫓아내버린다.

우리가 품지 못했던 아픔

소치 동계올림픽 때 또 하나 인상 깊었던 것은 러시아 선수로 출전한 안현수 선수였다. 그 좋은 선수가 이름을 빅토르 안으로 바꾸고 태극마크가 아닌 러시아 국기를 가슴에 달고 출전을 했는데, 기분이 참 착잡했다. 그렇게 출전해서 예선에서 다 떨어졌으면 '아이고, 안됐다' 하고 말았을 텐데, 금메달을 세 개나 따 3관왕을 했다.

안 선수가 첫 번째 금메달을 땄을 때 솔직히 '이제 또 인터넷 뒤집어지겠구나. 나라 버리고 가서 좋으냐고 엄청나게 욕하고 비난하겠구나' 하고 생각했다. 그런데 웬걸, 내 생각과 완전히 반대로 안현수 선수를 향한 격려와 찬사가 넘쳤다. 오히려 그가 러시아로 귀화할 수밖에 없게 만든 빙상연맹을 비난하고 성토하는 글들이 쏟아졌다.

내가 더 깜짝 놀랐던 것은 안현수 선수가 1000미터 남자 쇼트트랙에 출전할 때 한국 선수도 같이 출전했는데, 우리나라 사람들의 86퍼센트가 한국선수보다 러시아로 국적을 바꾼 안현수 선수를 더 응원했다는 것이다. 기현상이 일어난 것이다. 왜 이런 일이 일어났을까?

많은 사회학자들이 이 일을 흥미롭게 여기고 분석해보니, 공통적으로 나타난 결과가 이랬다. 한국 사회의 많은 젊은이들이 '한국 사회는 공정하지 못한 사회, 편 가르기로 꿈을 이루기 어렵게 만드는 사회'라고 느끼고 있으며, 그 편견 때문에 자신이 불이익을 당하고 있다고 생각하는데, 안현수 선수를 통해 대리만족을 누린다는 것이다. 가슴 아픈 이야기다.

나는 목사이기에 이런 현실이 가슴 아프다. 오늘 교회 안에 안현수 선수 같은 사람이 얼마나 많을까? 교회가 품었어야 하는데, 그러지 못한 경우가 얼마나 많은가? 연약하다고, 부상당했다고 내치기보다 용납해주어야 하는 곳이 교회 아닌가? 그런데 뒤에서 비방하고 수군거리고 용납하지 못하고 내쳐버리는 것이다.

지금 교회와 관련한 특이한 사회 현상이 무엇인지 아는가? 스님이나 신부님이 무슨 말을 하면 안 그런데, 교회나 목사와 관련이 되면 악플이 수십 개씩 달린다. 이들이 다 안현수 선수처럼 교회에서 내침을 당한 사람은 아닐까? 교회에 울분을 가지고 있는 사람 아닐까?

교회는 연약한 약자들이 모인 공동체이며, 그들을 아우르고 품어주면서 강한 자가 연약한 자를 용납하며 나아가는 공동체이다. 그런데 우리 교회는, 교회에 속한 우리 한 사람 한 사람은 '믿음이 연약한 자를 비판하지 말고', '믿음이 강한 우리는 믿음이 약한 사람들의 약점을 돌보아주어야 한다'는 말씀을 얼마나 지켰는가?

마음이 아프다. 품어주지 못했던 많은 사람들이 떠올라서 부끄럽다. 지금부터라도 우리가 똑똑한 자, 잘난 자, 흠 없는 자, 이런 자들만 득세하는 교회가 아니라 부상당하고 아프고 미숙하고 연약하고 우리 마음을 불편하게 하는 자들까지도 품어내는 교회가 되기를 바란다. 그래서 교회 안에서 마땅히 강한 자들이 연약한 자들을 품는다는 아름다운 소문이 많이 나게 되기를 바란다.

나보다 연약한 지체를 더 생각하라

언젠가 교구를 맡은 목사님이 내게 이런 메일을 보내왔다. 그 분이 교구의 여 직장인 순장들과 모임을 가졌는데, 이 찬양으로 시작했다고 한다.

약할 때 강함 되시네 나의 보배가 되신 주 주 나의 모든 것
주 안에 있는 보물을 나는 포기할 수 없네 주 나의 모든 것

함께 이 찬양을 부르고 이런 질문을 던졌다고 한다.
"주 안에 있는 보물을 포기할 수 없다고 했는데, 여러분에게 포기할 수 없는 보물은 어떤 것들입니까?"
그 질문에 한 분이 이런 간증을 하셨다고 한다. 그 분에게 지금보다 훨씬 조건이 좋은 직장으로 옮길 기회가 생겼는데, 고민하고 고뇌하다가 두 가지 이유 때문에 그 좋은 직장을 포기했다는 것이다.
그 분이 이직을 포기한 첫 번째 이유는 지금 직장에서는 순장 사역이 가능한데, 직장을 옮기면 할 수 없기 때문이라고 한다. 지금

직장에서는 순원들을 잘 섬기고 돌볼 수 있는데 직장을 옮기면 그럴 수 없기 때문에 이직을 포기했다는 것이다. 두 번째로 더 중요한 이유는, 같이 일하는 직장 동료 중에 남편이 식물인간으로 병상에 누워 있어서 힘들어하는 분이 있는데, 그 분을 두고 떠날 수 없어서 포기했다는 것이다. 자기 좋자고 직장을 옮겨버리면 그 사람은 어떻게 하느냐는 것이다.

이게 말이 되는가? 그 분이 담담하게 이런 간증을 하는데, 그 목사님이 큰 도전을 받았다. 그러면서 내게 보낸 메일에서 이렇게 고백했다.

"저는 그 이야기를 듣는 순간 더 이상 기도회를 인도할 수 없었습니다."

왜 그런가 하니, 자기는 그동안 교회를 몇 번 옮길 때마다 깊이 생각하지 않고 더 좋은 교회로 옮겼는데, 연약한 지체들을 위해 직장을 옮길 수 없었다는 그 순장의 이야기를 듣고 자기가 너무 초라해지더라는 것이다. 그래서 막 울었다고 한다.

이런 고백을 하는 순장님도 귀하고, 그 고백 앞에 자책하며 눈물 흘리는 그 교역자도 귀하다. 이런 모습이 '그리스도의 사랑이 나를 강권하시는' 모습이다. 우리가 다 이 마음을 회복해야 한다.

교회는 그리스도의 사랑으로 유지되는 공동체다. 그래서 우리는 약자들을 감당하려고 더 많이 애를 써야 한다. 어려운 이웃을 돕고 섬기고 돌봄으로 그 사랑이 흘러가게 해야 한다. 또한 다른 한편으로 교회 안에서 서로에 대한 용서와 용납하는 마음이 계속 일어나야 한다. 내게 아픔을 주고 상처를 준 사람을 넉넉히 품고 용서하고 용납하는 과정에서 사랑의 기둥이 다시 세워져야 한다. 그럴 때 교회는 사탄이 건드릴 수 없는 견고한 하나님의 공동체가 될 것이다. 또한 오랜 세월이 흘러도 하나님이 기뻐하시는 그 모습을 잃지 않는 교회가 될 것이다.

사랑할 때 복음이 전해진다

예수님은 이 땅에 계실 때 눈물로 이렇게 기도하셨다.

아버지여, 아버지께서 내 안에,

내가 아버지 안에 있는 것같이

그들도 다 하나가 되어 우리 안에 있게 하사

세상으로 아버지께서 나를 보내신 것을 믿게 하옵소서 요 17:21

지하철 역 앞에 서서 "예수천당 불신지옥"을 전하는 것으로도 복음이 전해지겠지만, 우리가 서로 사랑할 때, 우리가 서로 화목할 때, 우리가 서로 용서하고 하나가 될 때 믿지 않는 자들이 예수님을 믿게 되는 역사가 일어난다는 것이다. 그 다음 절을 보자.

내게 주신 영광을 내가 그들에게 주었사오니

이는 우리가 하나가 된 것같이

그들도 하나가 되게 하려 함이니다

곧 내가 그들 안에 있고 아버지께서 내 안에 계시어

그들로 온전함을 이루어 하나가 되게 하려 함은

아버지께서 나를 보내신 것과 또 나를 사랑하심같이

그들도 사랑하신 것을 세상으로 알게 하려 함이로소이다 요 17:22,23

끊어졌던 그리스도의 사랑이 다시 회복되기를 바란다. 그리스도의 사랑이 우리를 강권하게 되기를 바란다. 그리고 거기서 중단하지 말고 그 사랑을 흘려보내기를, 용서하고 용납하고 나누고 베풀어서 이 땅에 그리스도의 사랑이 회복되는 일에 쓰임 받는 우리 모두가 되기를 바란다.

에베소서 2장 19절

그러므로 이제부터 너희는 외인도 아니요 나그네도 아니요 오직 성도들과 동일한 시민

이요 하나님의 권속이라

02

하나님이
아버지 되신다

성경이 묘사하는 교회

성경에 보면 교회에 대한 다양한 표현들이 사용되는 것을 볼 수 있는데, 예를 들어 교회를 '그리스도의 몸', '그리스도의 신부'라고 표현하기도 하고, '하나님의 집'으로 묘사하기도 한다. 이 외에도 성경에는 교회에 관련된 묘사들이 굉장히 많은데, 이것들을 정리해 보면 크게 세 갈래로 분류할 수 있다.

한 갈래는 성부 하나님과의 관계적 측면으로, 또 한 갈래는 성자 예수님과의 관계적 측면으로, 그런가 하면 성령 하나님과의 관계적 측면으로 교회를 묘사하기도 한다.

성부 하나님과의 관계적 측면으로는 교회를 '하나님의 가족공동체'라는 개념으로 설명하고, 성자 예수님과의 관계적 측면으로는

'그리스도의 몸'이라는 개념으로 설명하고, 성령 하나님과의 관계적 측면으로 교회를 설명할 때는 '성령의 전'이라고 표현한다.

여기서는 성부 하나님과의 관계적 측면으로 본 교회, 다시 말해서 '하나님의 가족공동체'라는 측면으로 본 교회에 대해 살펴보려고 한다.

세상으로부터 부름 받은 자들

신약성경에 보면 교회를 '에클레시아'라고 하는데, 이 단어는 구약의 '카할'이라는 단어에서 나왔다. '카할'은 영어의 'assembly'로 '모으다', '집합시키다'라는 뜻을 가진 단어이다.

> 또 회중을 모을 때에도 나팔을 불 것이나 소리를 크게 내지 말며 그 나팔은 아론의 자손인 제사장들이 불지니 이는 너희 대대에 영원한 율례니라 민 10:7,8

여기서 '회중'과 '모을 때에'란 단어가 다 '카할'인데, 각각 명사와 동사로 사용되었다. 그런데 하나님은 이렇게 회중을 불러 모을 때, 나팔을 사용하여 모으라고 명하고 계신다. 이 장면을 한번 상상해 보자.

하나님께서 나의 백성을 불러 모으라고 명하시고, 그 명령을 받들어 제사장들이 나팔을 분다. 그 나팔소리를 듣고 원근 각처에 흩어져 있던 하나님의 백성들이 모여든다. 바로 이 모습이 '카할'이다.

여기서 교회에 대해 어떤 힌트를 얻을 수 있는가? 교회는 딱딱한 조직이나 굳어진 건물이 아니다. 하나님이 불러 모아 주실 때 그 부르심에 순종해서 나아가는 사람들의 행위, 그 자체가 교회이다.

뿐만 아니라 '에클레시아'의 뜻 역시 '무엇 무엇으로부터 불러내다'이다. 그렇기 때문에 이런 것들을 종합해보면 성경이 말하는 교회는 우리가 생각하는 것처럼 굳어지고 딱딱해진, 정적인 그 무엇이 아니다. 아주 역동적이다. 하나님의 부르심에 역동적으로 반응하여 원근 각처에서 몰려드는 이스라엘 백성들의 반응, 그 모습이 교회란 것이다.

이런 관점으로 정의해보면, 교회는 '세상으로부터 불러내어 모은 존재들' 혹은 '세상으로부터 부름 받은 사람들의 모임'이라고 할 수 있다.

주체는 하나님이시다

그런데 여기서 중요한 것이 한 가지 있다. 이처럼 세상으로부터 불려나와 모인 존재들이 교회인데, 그 교회의 주체가 바로 '하나님'이시란 것이다. 하나님께서 주도적으로 원근 각처에 흩어져 있던 그분의 백성들을 불러 모아주시고, 그렇게 불러 모아진 교회 공동체에 친히 아버지가 되어주셨다. 그리고 하나님께서 주도적으로 그 구성원인 우리를 자녀 삼아주셨다. 이것이 전제되는 것이 바로 '교회'이다.

본문인 에베소서 2장 19절을 보자.

그러므로 이제부터 너희는 외인도 아니요 나그네도 아니요 오직 성도들과 동일한 시민이요 하나님의 권속이라 엡 2:19

다시 말해서 교회는 하나님을 아버지로 모신 가족공동체란 것이다. 그렇다면 교회가 교회로 제대로 회복되기 위해 제일 먼저 해야 할 일이 무엇인가? 하나님을 아버지의 자리, 즉 호주(戶主)의 자리로 복귀시켜 드리는 것이다. 이것이 교회가 회복되는 데 가장 중요한 것이자, 가장 먼저 선행되어야 하는 것이다.

그런데 여기서 우리가 알아야 할 것이 있다. 하나님을 아버지의 자리, 즉 호주의 자리로 복귀시켜드리기 위해서는 교회가 반드시 회복해야 할 세 가지 모습이 있다는 것이다. 이것에 대해 살펴보자.

하나님만 인식하고 의지하는 공동체

첫째로, 교회가 하나님을 아버지의 자리로 복귀시켜드리기 위해서는 철저하게 하나님을 인식하고 의지하는 공동체가 되어야 한다.

몇 년 전에 초등학교 2학년 아이가 쓴 〈아빠는 왜?〉란 시가 화제가 된 적이 있다. 그 시의 내용이 이렇다.

엄마가 있어 좋다
나를 예뻐해주셔서

냉장고가 있어 좋다
나에게 먹을 것을 주어서

강아지가 있어 좋다
나랑 놀아주어서

아빠는 왜 있는지 모르겠다

어린아이가 쓴 이 시가 오늘날 아버지 부재의 시대를 상징적으로
말해주는 것 같아서 씁쓸한 마음이 든다.

경우는 다르지만 '아버지 부재'라는 관점에서 보면 예수님 당시의
영적인 상황도 이와 비슷했다. 그 당시 종교 지도자들이었던 바리
새인들과 서기관들을 보면, 그들의 종교적 열심은 대단했고 율법은
난무했는지 모르나 그 종교적인 열심 속에 하나님과의 관계는 보이
지 않았다.

사실, 구약에도 보면 하나님을 친근한 아버지로 묘사하는 경우
가 있다. 이사야서를 보자.

주는 우리 아버지시라 아브라함은 우리를 모르고 이스라엘은 우리를 인정하지
아니할지라도 여호와여, 주는 우리의 아버지시라 옛날부터 주의 이름을 우리의
구속자라 하셨거늘 사 63:16

그러나 여호와여, 이제 주는 우리 아버지시니이다 우리는 진흙이요 주는 토기장이시니 우리는 다 주의 손으로 지으신 것이니이다 사 64:8

이게 다 하나님과의 친밀한 관계를 묘사한 것 아닌가? 신앙생활에 있어서 하나님을 아버지 삼아 그분과 친밀한 관계를 유지하는 것은 굉장히 중요한 포인트이다.

그런데 불행하게도 예수님 당시의 종교 지도자들은 종교생활은 열심이었지만 이 포인트를 다 잃어버렸다. 그런 시대 상황을 아파하셨기 때문에 예수님은 제자들이 나아와 기도를 가르쳐달라고 했을 때, 이렇게 가르쳐주셨다.

그러므로 너희는 이렇게 기도하라 하늘에 계신 우리 아버지여 이름이 거룩히 여김을 받으시오며 마 6:9

예수님이 제자들에게 가르쳐주신 기도는 우리 시대에도 그대로 유효하다. 우리가 기도할 때 "이것도 주세요, 저것도 주세요"라며 구하는 기도도 필요하지만, 이런 것들을 구하기 이전에 하나님이 내 아버지가 되심에 대한 선언이 먼저 전제가 되어야 한다. 이것이 예수님이 가르쳐주신 기도의 중요한 핵심이다.

예수님 당시의 바리새인과 서기관들이 놓친 것이 주님이 가르쳐주신 바로 이 정신 아닌가? 우리가 이걸 알아야 한다. 오늘도 교회

중직자들이 놓치기 쉬운 정신이 바로 이것임을. 하나님을 아버지로 삼고 하나님과 관계를 회복하는 일은 뒤로 하고, 그저 종교적으로 열심히만 하면 딱 이런 영혼 없는 바리새인과 서기관이 될 위험이 있다는 것이다.

현실적으로 이런 가슴 아픈 일들이 우리 주변에서 얼마나 많이 일어나고 있는가? 그래서 나는 열심을 내는 성도들에게 부탁하고 싶다. 종교적으로 열심을 내는 그 열심 이전에 하나님을 내 아버지로 삼고 하나님과의 친밀한 관계가 먼저 회복되어야 한다고.

우리는 하나님의 권속이다

이런 우(愚)를 피하기 위해 우리는 에베소서 2장 19절의 정신을 늘 기억해야 한다. 말씀을 다시 보자.

> 그러므로 이제부터 너희는 외인도 아니요 나그네도 아니요 오직 성도들과 동일한 시민이요 하나님의 권속이라 엡 2:19

여기에 나오는 '권속'은 원어로는 '오이케이오스'인데, 영어로 말하면 'household', 즉 '가정'이란 뜻이다. 국어사전에서 '권속'이란 단어를 찾아보니 이렇게 설명한다.

"한 집에 거느리고 사는 식구."

이 단어의 뉘앙스가 강조하는 것이 무엇인가? '권속'이 '한 집에 거느리고 사는 식구'라는 뜻인데, 그렇다면 누가 거느리고 있는 것인가? 호주(戶主)가 거느리고 있다는 것이다. 아버지가 거느리고 있음을 강조하고 있는 것 아닌가? 《아가페 성경사전》에서는 '권속'이라는 단어를 이렇게 풀이한다.

"가부장적인 거주 단위이기도 한 권속은 그 가계에서 가장 나이가 많은 남자에 의해 통솔되었으며, 5대에 이르는 가족으로 구성되기도 하였다."

그래서 성경에 나오는 '권속'이란 단어를 이해하려면 지금과 같은 핵가족으로 이해하면 안 된다. 고조할아버지와 증조할아버지가 계시는, 5대 가족이 함께 모여 사는 대가족 제도를 생각해야 한다. 우리나라로 보면 예전의 '호주제'와 비슷한 개념이 권속이다.

옛날에 어떤 아이가 길을 지나가면 어른이 이렇게 물으신다.

"쟤가 뉘 집 아이인고?"

그러면 그 아이 이름을 부르면서 "홍길동이라는 아이입니다"라고 이야기하지 않는다. "홍 대감 집 둘째아들입니다"라고 대답한다. 자연인 홍길동이라는 아이에게 초점을 둔 게 아니라 그 가족의 아버지, 즉 권속의 호주 되는 홍 대감을 중심으로 그의 둘째아들이라는 것을 통해 그 아이의 존재감을 드러내는 것이다.

우리가 교회를 하나님의 권속이라고 부를 수 있다면, 거기에는 무엇이 내포되어 있는가? 하나님이 내 아버지가 되심, 하나님이 내 호주가 되심이 전제되어 있다는 것이다. 오늘날 교회를 보면 가슴이 아픈 것이 바로 이 부분이다.

교회의 현실을 생각하자니, 앞에서 소개한 초등학생의 시가 내게
는 자꾸 이렇게 읽혀졌다.

담임목사가 있어 좋다
나를 예뻐해주셔서

장로가 있어 좋다
나에게 먹을 것을 주어서

순장이 있어 좋다
나랑 놀아주어서

그런데 하나님은 왜 있는지 모르겠다

눈에 보이는 목사가 설교하고, 눈에 보이는 장로가 기도하고, 눈
에 보이는 성가대원들이 찬양하면서 오늘날 교회가 전부 인간들만
의 잔치로 전락해버렸다. 하나님이 왜 계신지 모르겠고, 하나님이
안 보이셔도 하나도 불편하지 않은 상태가 바로 교회의 변질임을
기억해야 한다.

철든 자녀, 철든 성도

앞의 그 초등학생이 범한 우(愚)가 무엇인가? 그 아이는 아직 어리고 미숙하다 보니 눈에 보이는 것밖에 볼 줄 몰랐다. 그래서 먹을 것 주는 엄마가 고맙고, 먹을 것이 많은 냉장고가 고맙고, 심지어는 집에서 키우는 강아지까지도 고맙다. 그러나 자기가 누리는 그 모든 것이 가능하도록 이른 아침, 그 꼬맹이가 눈도 뜨기 전부터 회사로 달려 나가 뼈 빠지게 수고하는 아버지가 보이지 않는 철부지란 것이다.

오늘날 많은 가정이 온통 엄마 중심으로 하루가 흘러가다 보니 주로 바깥에서 수고하는 아버지들은 집에 오면 왕따 아닌 왕따가 되어버린다. 이런 현실 속에서 이 시대 가장들이 가지고 있는 섭섭함이 혹시 우리 하나님 아버지의 마음은 아니겠는가?

언젠가 굉장히 우습지만 슬픈 이야기를 하나 들었다. 분당에 사는 남자들이 이런 이야기를 한다고 한다.

"나는 다음 세상에서는 분당 아줌마로 태어나고 싶다."

무슨 얘긴가 하면, 점심 때 식당에 가보면 주부들로 가득한데, 남편들이 회사 구내식당에서 설렁탕 먹고 있을 때 분당의 주부들은 고급 식당에서 비싼 점심을 사먹고 있다면서 하는 자조 섞인 우스갯소리이다.

교회 안에 그저 눈에 보이는 담임목사, 교역자들, 장로, 권사들만 보이는가? 그래서 눈에 보이지는 않지만 사실은 교회가 교회 되도록 주관하시는 하나님은 보이지 않는가? 그렇다면 그건 병든 교회이다.

철이 든다는 게 무엇인가? 그 철없던 초등학생이 나이가 들어가면서 '아, 눈에 보이는 것만이 다가 아니구나. 아버지가 눈에 보이지는 않지만 새벽부터 나가 우리 가정을 지키기 위해 애쓰시는구나' 하는 것들을 깨닫게 될 때, 눈에 보이지 않는 것이 보이게 될 때 철이 드는 것이다.

영적으로 철이 드는 것도 마찬가지다. 우리가 방언에 대해 많은 이야기들을 하는데, 진짜 방언이 무엇인지 아는가? 사도행전 2장에 보면 초대교회에 성령이 강하게 임하시면서 방언의 역사가 일어난다.

그레데인과 아라비아인들이라 우리가 다 우리의 각 언어로(방언으로) 하나님의 큰 일을 말함을 듣는도다 하고 행 2:11

그들이 '각 언어'로 부르짖었던 것은 다름 아닌 하나님이 하신 큰 일에 관한 것이었다. 우리가 드릴 수 있는 소중한 방언 기도란 바로 이런 것이다.

우리가 보이지 않는 하나님이 교회의 주인이시자 호주 되시며 아버지 되심을 볼 줄 아는 철든 하나님의 백성들이 다 되기를 바란다. 교회가 그런 영적으로 철든 자녀들의 모임이 되기를 바란다.

하나님으로 소망 삼고 전진하는 공동체

둘째로, 교회가 진정 하나님을 아버지의 자리로 복귀시켜드리기 위해서는 하나님으로 인해 소망을 가지고 전진하는 공동체가 되어야 한다.

출애굽기를 보면 이스라엘 백성들이 홍해를 건너 광야를 배회하다가 목적지인 가나안으로 들어가는 여정이 기록되어 있다. 그런데 참 흥미롭게도 신약에 와서 스데반은 그것을 '광야교회'라고 명명한다.

> 이 사람이 백성을 인도하여 나오게 하고 애굽과 홍해와 광야에서 사십 년간 기사와 표적을 행하였느니라 이스라엘 자손에 대하여 하나님이 너희 형제 가운데서 나와 같은 선지자를 세우리라 하던 자가 곧 이 모세라 시내 산에서 말하던 그 천사와 우리 조상들과 함께 광야교회에 있었고 또 살아 있는 말씀을 받아 우리에게 주던 자가 이 사람이라 행 7:36-38

이스라엘 백성이 홍해를 건너서 목적지인 가나안을 향해 나아가는 그 여정을 보고 '광야교회'라고 지칭한 것이다. 나는 이것이 참 흥미로웠다.

그래서 스데반이 명명한 광야교회에 대해 곰곰이 생각하며 묵상하다 보니 그 안에 교회가 교회 되기 위해 구비해야 할 세 가지 요소가 담겨 있음을 발견하게 되었다.

그 중심에 하나님이 계셔야 한다

교회가 교회 되기 위해 구비해야 하는 첫 번째 요소는, 그 중심에 하나님이 계셔야 한다는 것이다. 애굽에서 종살이하며 신음하던 이스라엘 백성들을 불러 모으시고 홍해를 건너게 하신 분은 하나님이시다. 그들은 주도적으로 불러주시는 하나님의 말씀 앞에 순종하여 원근 각처에서 몰려들었다. 이것이 바로 앞에서 설명한 교회를 뜻하는 '카할'이요, '에클레시아'이다.

교회의 주도권은 하나님이 갖고 계신다. 이스라엘 백성은 광야생활을 하는 동안 하나님 임재의 상징인 법궤를 그들의 행렬의 정중앙에 놓았으며, 그것을 중요한 규칙으로 여겼다. 그것이 무엇을 의미하는가? 광야교회의 주도권이 하나님께 있음을 상징한 것이다.

하나님의 공급하심이 있어야 한다

두 번째로 교회가 교회 되기 위해서는 하나님의 공급하심이 있어야 한다. 이스라엘 백성은 결핍 많은 사십 년의 광야길 내내 하나님의 인도하심과 공급하심을 받았다. 광야의 특징은 결핍이다. 죽을 지경이다. 이것도 모자라고, 저것도 모자라고 늘 힘들다. 그 결핍 속에서 주도권을 갖고 계신 하나님이 어떻게 공급해주셨는가?

이스라엘 백성이 뜨거운 햇살로 목이 말라 죽을 것 같을 때 생수를 터뜨려 그들을 마시게 하신 분이 누구신가? 그들이 뜨거운 햇살 아래에서 견딜 수 없을 때 구름기둥으로 인도하신 분이 누구신가?

해가 지고 추위에 떨고 있을 때 그들을 불기둥으로 인도해주신 분이 누구신가? 주릴 때 만나로, 메추라기로 먹이신 분이 누구신가? 하나님이시다. 모두 하나님이 하셨다. 먹이시고 입히시는, 하나님의 공급이 있는 그곳이 바로 교회이다.

이 찬양을 부르는데 이스라엘 백성들의 심정이 내 마음에 와 닿았다.

하나님은 너를 지키시는 자 너의 우편에 그늘 되시니
낮의 해와 밤의 달도 너를 해치 못하리

우리는 이 찬양을 밋밋하게 부른다. 하지만 그 광야교회를 경험하고 하나님의 공급을 경험한 이스라엘 백성들이 이 찬양을 부른다고 상상해보라. 눈물 없이 부를 수 있겠는가? 결핍 많은 그 광야 속에서 먹이시고 입히시고 여기까지 인도하신 분이 하나님이라는 그 감격으로 목이 메어 이 찬양을 끝까지 부르지도 못할 것이다. 오늘 우리에겐 이 감격이 있는가? 나 같은 자를 오늘 이 자리까지 인도하신 하나님에 대한 감격 말이다.

하나님이 제시하신 목적지가 있어야 한다

교회가 교회 되기 위해서는 하나님의 주도권과 그분의 공급하심도 필요하지만, 그보다 더 중요한 것이 있다. 하나님이 제시하시는 목적지 가나안이 있어야 한다는 것이다. 이것이 교회가 교회 되기 위한 세 번째 요소이다.

광야는 이스라엘 백성이 정착할 곳이 아니었다. 그저 거쳐 지나가는 곳에 불과했다. 지상교회도 마찬가지다. 교회 자체가 흠도 티도 없는 매력적인 곳이라서 좋은 교회가 아니다. 이런 결핍도 있고 저런 불평도 있지만 하나님이 주시는 꿈, 목적지인 가나안에 대한 꿈을 꿀 수 있기 때문에 좋은 교회인 것이다.

광야는 목적지가 아니다. 그렇기에 한국의 모든 교회가 결핍된 이 땅에서의 광야생활이 끝나는 날 우리 눈의 눈물을 닦아주실 주님이 통치하시고 다스리시는 가나안, 그 하나님나라를 갈망하는 곳이 되기를 바란다.

하나님을 찬양하는 기쁨을 알고 누리는 공동체

셋째로, 교회가 하나님을 아버지의 자리로 복귀시켜드리기 위해서는 하나님을 찬양하는 기쁨을 알고 그것을 누리는 공동체가 되어야 한다.

찬송하리로다 하나님 곧 우리 주 예수 그리스도의 아버지께서 그리스도 안에서 하늘에 속한 모든 신령한 복을 우리에게 주시되 곧 창세전에 그리스도 안에서 우리를 택하사 우리로 사랑 안에서 그 앞에 거룩하고 흠이 없게 하시려고 그 기쁘신 뜻대로 우리를 예정하사 예수 그리스도로 말미암아 자기의 아들들이 되게 하

셨으니 이는 그가 사랑하시는 자 안에서 우리에게 거저 주시는 바 그의 은혜의
영광을 찬송하게 하려는 것이라 엡 1:3-6

교회를 주신 목적이 바로 이것이다. 여기 나오는 '찬송'은 '할렐루
야'의 어원이기도 한 구약의 '할랄'과 같은 의미다. '할랄'은 '자랑하
다', '떠벌리다'라는 뜻을 가지고 있다. 과거에 내게 행해주신 하나님,
장차 내게 행해주실 하나님의 은혜를 떠벌리고 자랑하는 것이다.

오늘 우리에게는 광야의 여러 가지 결핍 때문에 날마다 하나님께
원망을 쏟아놓는 원망의 소리가 많은가? 아니면 그 길을 인도하시
는 하나님을 향한 찬양이 많은가?

내가 분당우리교회를 개척하고 초창기 성도들에게 지금도 잊을
수 없는 정말 고마운 것이 있다. 우리 교회는 학교를 빌려 사용했기
때문에 주중에는 교회 간판도 없었다. 교회의 흔적이 아예 없었다.
그리고 담임목사는 어른 목회 경험도 없는 40대 초반의 어리바리한
젊은 목사였다. 그런데도 성도들이 담임목사인 나에 대해 얼마나
좋은 소문을 여기저기 전하고 다녔는지 모른다. 어떤 분은 내가 했
던 설교 CD를 만들어서 지하철역에 두고 오기도 하고, 또 만나는
사람들마다 "우리 교회 한번 와봐라. 우리 교회 진짜 좋은 교회다.
우리 목사님 진짜 좋은 목사님이다" 하면서 나와 교회에 대해 과장
된 소문을 퍼뜨려준 덕분에 건물도 없는 교회가 금방 자리를 잡을
수 있었다. 나는 그게 늘 고맙다.

자기가 출석하는 교회를 자랑하고 싶어서 과장된 소문을 퍼뜨리는 그 마음이 교회를 사랑하는 마음 아니겠는가? 하물며 날 구원해 주신 하나님, 친히 백성을 불러 모아주시고, 아버지 되어주시고, 호주 되어주신 하나님, 뿐만 아니라 독생자 예수 그리스도를 내어주심으로 자녀 삼아주시고 우리가 십자가 아래에서 하나님의 은혜를 누리게 하신 그 하나님의 큰 일을 '할랄'하고 다녀야 하는 것 아닌가? 막 자랑하고 떠벌리고 다녀야 하는 것 아닌가?

이 백성은 내가 나를 위하여 지었나니 나를 찬송하게 하려 함이니라 사 43:21

이런 관점에서 보면 광야교회는 두 구도의 싸움으로 볼 수 있다. 40년 광야교회 동안 끊임없이 불평하고 원망하고 짜증내고 울분을 표하는 이스라엘 백성의 모습과 또 다른 측면으로 끊임없이 일하시는 하나님을 찬양하고 찬송하는 두 구도이다. 바로 이 두 구도의 대결이 광야교회의 모습이었을 뿐 아니라 오늘날 지상교회의 모습이기도 하다.

이런 맥락에서 임종을 앞둔 시점에서 그 불평 많던 이스라엘 백성을 향해 던진 모세의 이 한 마디가 너무 멋있다.

이 사십 년 동안에 네 의복이 해어지지 아니하였고 네 발이 부르트지 아니하였느니라 신 8:4

끊임없는 원망과 불평으로 쪼개지고 나눠지고 공중분해 되어도 벌써 몇 번은 되었을 광야교회가 끝까지 유지될 수 있었던 것은 모세와 같은 지도자가 있었기 때문이며, 또한 그들을 끝까지 견인해주시며 호주 역할을 감당해주신 하나님 아버지가 계셨기 때문이다.

나도 은퇴하는 날, 모세가 그랬듯이 다음세대 성도들 앞에서 분당우리교회를 돌아보며 하나님의 하나님 되심을 선포하고 찬양하고 싶다.

"지난 목회의 시간 동안 내 의복이 해어지지 아니하였고 내 발이 부르트지 아니하였도다."

원망과 불평의 소리보다 하나님의 하나님 되심을 선포하고 하나님을 찬양하는, "이 사십 년 동안 의복이 해어지지 아니하였고 발이 부르트지 아니하였다"고 고백할 수 있는 교회가 되기를 바란다.

보이지 않는 하나님이 아버지 되실 때 회복된다

예전에 한 성도에게 이메일 한 통을 받고 정신이 번쩍 나면서 많이 부끄러웠던 적이 있다. 그 메일의 내용을 소개하고 싶다.

2007년 딸아이의 친구 엄마가 스스로 목숨을 끊었습니다. 바로 전날 슬픈 예감 같은 것을 느꼈고 두려웠습니다. 당시 아들은 초등학교 4학년, 딸은 초등학교 2학년. 가뜩이나 야뇨증을 앓고 있던 작은 아이에게 이제 더 이상 잠자기 전에 기저귀를 챙겨줄 엄마가 없어진 것입니다. 오랫동안 그 언니를 마음에서 떠나보낼 수가 없어 힘들었습니다.

주님은 또 다른 두 사람의 죽음을 통해 메시지를 주셨습니다. 하나는 암 투병 중 남편에게 서운하여 식음을 전폐하고 두 아이를 남겨두고 간 친구이고, 다른 하나는 취업 문제로 부모님께 죄송해하던 시댁 오촌 조카였습니다.

그 일들은 제게 하나님의 마음 한구석을 보게 했는데, 교회가 이 시대 마음의 병을 앓는 이들, 특히 교회 안에 구원 받은 자들까지도 자살을 실행하게 만드는 이 악한 마귀의 궤계를 예민하게 분별하여 반드시 이기라는 뜻으로 여겼습니다.

저도 한때 마음을 지키지 못하고 중앙선을 넘어본 일이 있어서 그런지 모르겠습니다. 주님께 다시 한 번 감사와 찬양을 드리게 되네요.

이어지는 내용이 내 정신을 번쩍 들게 했다. 계속 인용해보자.

목사님이 상담 네트워크를 소개해주셔서 너무 반갑고 감사했습니다. 목사님, 우울증으로 고생하는 성도들 안타까우시죠? 가슴 아프시죠? 그런데 저는 제가 처음 분당우리교회를 찾았던 때의 목사님의 모습을 떠올리게 해드리고 싶어요.

예배 한 번으로 해결되는 거짓말 같은 치유, 성경을 읽다가, 찬양을 하다가 기도를 하다가 달라져버리는 역사. 그것을 바라고 기대하여 닳아 없어질지언정 녹슬지 않겠다고 하신 거잖아요. 예수님이 만나 주시면 끝이에요. 성경이 마음을 새롭게 하면 그걸로 끝이에요.

목사님, 상담 네트워크의 구체적인 방법은 전문가들이 논의하겠지만 영혼의 전문가인 목사님보다 더 확실한 치료제를 가지고 있는 전문가는 없다는 걸 말씀드리고 싶어요. 목사님이 특새 때 흘려주셨던 예수님의 눈물, 목사님이 말씀을 통해 들려주셨던 성령님의 위로, 목사님이 찬양 가운데 보이셨던 하나님의 영광. 사람이 많아졌다고, 이단이 껴들었다고, 목사님이 연세 드셨다고 하나님께서 그것을 접으실 리가 없는 것 아닙니까?

나는 이 성도의 메일을 읽고 정말 부끄러웠다. 이분이 교회에 처음 왔을 때는 지금보다 훨씬 조직도 정비되지 않았고, 일꾼도 없었고, 아무것도 없을 때였으며, 나는 미숙하기 짝이 없는 목사였다. 그런데 이 성도가 내게 자각시켜준 것이 무엇인가? 그런 것이 필요한 게 아니란 것이다. 순수하게 하나님을 아버지로 삼은 자녀들이 함께 모여서 테크닉이나 기교가 아닌 진심으로 하나님이 문제의 해결자 되심을 믿고 부르짖을 때, 거기서 능력이 나타나고 치유가 일어난다는 것이다.

자살충동을 느끼고 수면제를 먹었던 그 성도가 예배 한 번 드리고 나가면서 수면제를 쓰레기통에 집어던지는 역사가 그때는 일어났는데, 지금 교회의 모습은 어떤가? 너무 세련되고 설교도 매끄러워지고 겉으로는 다 갖춘 것 같지만 초창기 그 성도가 보았던 교회의 영적 야성과 역동성을 다 잃어버린 것은 아닌가?

교회는 세련된 인간들의 세련된 조직으로 유지되는 게 아니다. 하나님을 아버지의 자리에, 호주의 자리에 모셔드려야 한다. 그래서 그 하나님께서 일하시는 교회, 그 하나님이 치료하시는 교회, 하나님이 친히 눈물 닦아주시는 교회가 되어야 한다.

이런 교회로 복귀하기 위해선 한 가지 조건밖에 없다. 보이지 않는 하나님이 교회의 주인 되시고 아버지가 되시는 것이다.

요한일서 3장 11-16절

우리는 서로 사랑할지니 이는 너희가 처음부터 들은 소식이라 가인같이 하지 말라 그는 악한 자에게 속하여 그 아우를 죽였으니 어떤 이유로 죽였느냐 자기의 행위는 악하고 그의 아우의 행위는 의로움이라 형제들아 세상이 너희를 미워하여도 이상히 여기지 말라 우리는 형제를 사랑함으로 사망에서 옮겨 생명으로 들어간 줄을 알거니와 사랑하지 아니하는 자는 사망에 머물러 있느니라 그 형제를 미워하는 자마다 살인하는 자니 살인 하는 자마다 영생이 그 속에 거하지 아니하는 것을 너희가 아는 바라 그가 우리를 위하 여 목숨을 버리셨으니 우리가 이로써 사랑을 알고 우리도 형제들을 위하여 목숨을 버리 는 것이 마땅하니라

03

덜 논리적이고,
더 사랑하라

형제자매로의 회복

2장에서 살펴본 것처럼, 교회가 '하나님의 가족공동체'로서의 기능을 회복하려면 하나님을 아버지의 자리, 즉 호주의 자리로 복귀시켜드려야 한다. 그런데 한 가지 해야 할 일이 더 있다. 위로는 하나님을 아버지의 자리로 복귀시켜드리는 것 외에 수평적으로 교회에서 만나는 지체들을 형제와 자매의 자리, 곧 사랑의 자리로 복귀시키는 것이다.

신약성경의 서신서 등을 보면 누구를 지칭할 때, 형제 혹은 자매라는 호칭으로 부르는 것을 볼 수 있다. 예를 들어, 골로새서 1장 2절 같은 경우이다.

골로새에 있는 성도들 곧 그리스도 안에서 신실한 형제들에게 편지하노니 우리 아버지 하나님으로부터 은혜와 평강이 너희에게 있을지어다 골 1:2

그런가 하면 디모데전서 5장 1,2절도 마찬가지다.

늙은이를 꾸짖지 말고 권하되 아버지에게 하듯 하며 젊은이에게는 형제에게 하듯 하고 늙은 여자에게는 어머니에게 하듯 하며 젊은 여자에게는 온전히 깨끗함으로 자매에게 하듯 하라 딤전 5:1,2

여기서 나오는 용어들이 다 가족공동체에서 쓰이는 호칭들 아닌가? 이런 구절들에서 알 수 있듯이 초대교회 성도들도 요즘의 우리처럼 서로를 '형제님' 혹은 '자매님'으로 불렀다. 요즘에야 이런 호칭이 하나도 이상할 것이 없지만, 당시 유대사회에서는 엄청난 문화 충격이었다. 왜냐하면 그 당시 교회 안에는 노예도 있었고, 노예의 주인도 있었는데, 노예와 주인이 서로를 향해 '형제'라고 부른다는 것은 상상도 할 수 없는 일이었기 때문이다.

성찬식도 마찬가지였다. 지금은 교회가 규모도 커지고 시간상, 형식상 여러 가지 제약으로 약소하게 진행되는 경우가 대부분이지만 초대교회 당시는 그렇지 않았다. 성찬식 때면 온 성도가 함께 앉아 잔을 나누었다. 당시의 노예는 사람이기보다 짐승에 가까운 취급을 받았는데, 성찬식을 베풀면서 노예와 주인이 함께 잔을 나눈다는 것은 그야말로 짐승과 사람이 함께 잔을 나누는 것과 같은 충격이었다.

바울이 쓴 골로새서에 보면 이런 내용이 나온다.

신실하고 사랑을 받는 형제 오네시모를 함께 보내노니 골 4:9

여기 나오는 오네시모는 노예였다. 바울은 지금 노예인 오네시모를 형제라고 부르면서 교회 안의 동등한 일원으로 인정해주는 모습을 보여주고 있다. 이런 모습들은 그 당시 사회에서는 상상도 못할, 파격적인 모습이었다.

여기서 우리가 반성해야 할 것이 무엇인가? 초대교회는 이렇게 하나님을 아버지로 모시고 예수 그리스도께 구원받은 감격으로 하나되어 그가 주인이든 노예이든, 세상의 신분과 상관없이 서로를 형제라고, 또 자매라고 불렀던 아름다운 공동체였다. 그 모습이 오늘날까지 껍데기는 흘러오는데, 과연 지금 우리 안에 그 정신이 살아 있는가? 우리는 이것을 살펴봐야 한다.

이런 의미에서 나는 한국의 모든 교회들이 다른 무엇보다 '가족'이란 공동체의 가장 중요한 특징인 사랑이 회복되는 공동체가 되기를 바란다. 교회 안에 그리스도의 사랑이 흘러서 용납과 화목과 회복이 있는 공동체가 되기를 간절히 바라며 꿈꾼다. 이제 이런 맥락에서 본문 말씀을 살펴보자.

가인같이 하지 말라

요한일서 3장 11절을 보면 사랑의 중요성을 이렇게 강조한다.

우리는 서로 사랑할지니 이는 너희가 처음부터 들은 소식이라 요일 3:11

본문 말씀을 여러 번 읽고 묵상하다 보니 이 구조가 참 재미있다는 생각이 들었다. 11절에서 '서로 사랑하라'는 큰 전제를 선포하고 나서는 12절에서 '가인'이란 인물을 등장시키고, 16절에서는 '예수 그리스도의 정신'을 등장시킨다. 먼저 12절을 보자.

가인같이 하지 말라 그는 악한 자에게 속하여 그 아우를 죽였으니 어떤 이유로 죽였느냐 자기의 행위는 악하고 그의 아우의 행위는 의로움이라 요일 3:12

가인이 누구인가? 아담과 하와의 타락 이후로 성경에 등장하는 첫 번째 범죄가 형이 아우를 살인하는 것이었다. 가인은 바로 그 형제 아벨을 죽인 당사자였다. 성경은 지금 '서로 사랑하라'는 큰 전제를 주면서 그 가인같이 하지 말라는 것이다. 그렇다면 가인의 행동 특징은 무엇일까? 이 질문에 답하려면 창세기 4장 9절로 가야한다.

여호와께서 가인에게 이르시되 네 아우 아벨이 어디 있느냐 그가 이르되 내가 알

가인이 동생 아벨을 죽인 다음에 외쳤던 한 마디가 "내가 내 아우를 지키는 자니이까"였다. 이것이 가인의 특징이었다.

오늘날 이 세상의 구조 속에서, 하나님을 아버지의 자리에서 끌어내버리고, 하나님을 내 마음에서 몰아내버리고 내가 내 인생의 주인이 되어 살아가는 이 세상에서 대인관계를 향해 수없이 외쳐지는 메시지가 바로 이것 아닌가?

"내가 내 아우를 지키는 자니이까?"

세월호 사건의 비극도 바로 이 외침에서 비롯된 것 아닌가? 아이들을 내버려두고 먼저 살겠다고 뛰어내렸던 그 선장의 내면의 외침이 이것 아닌가? 그 선주도 마찬가지 아닌가? 배가 위험하거나 말거나, 승객이 위험하거나 말거나, 선박 평형수를 빼버리고 돈 되는 물건을 잔뜩 실은 그 내면의 외침이 이것 아닌가?

"내가 내 아우를 지키는 자니이까?"

오늘날 교회가 세속화 되었다고 염려를 많이 하는데, 가장 무서운 교회의 세속화는 교회 안에서 "내가 내 아우를 지키는 자니이까?"란 메시지가 너무 많이 들리고 있다는 것이다. 이것은 가인의 입에서 나와야 하는 메시지이다. 하나님 없는 자들 입에서 나와야 하는 것이다. 내 유익을 위하여, 내 탐심과 이기적인 욕심을 위하여 무엇이든 할 수 있다는 세상 사람의 내면에서 외쳐지는 메시지이다.

그런데 그 무서운 세상의 목소리가 교회 안에서 너무 많이 울리고 있다.

"나만 예수 잘 믿으면 되는 것 아닙니까? 남이야 어떻든 나만 은 혜 받으면 되는 것 아닙니까? 내 교회만 잘되면 되는 것 아닙니까? 한국교회가 어떻게 되든 그게 나와 무슨 상관입니까? 내가 한국교회를 지키는 자니이까?"

오늘 우리가 정말 무섭게 세속화되어 가고 있으며 내 안에 하나님의 사랑이 사라지고 있다는 가장 가슴 아픈 증거 중 하나가 바로 우리 내면의 이 외침이다.

무엇보다도 서로 사랑하라

베드로전서 4장 7절은 말세에 믿는 우리가 해야 될 일들에 대해 이렇게 말한다.

> 만물의 마지막이 가까이 왔으니 그러므로 너희는 정신을 차리고 근신하여 기도하라 벧전 4:7

정신 차려야 한다, 근신해야 한다, 기도해야 한다고 말한다. 이 것은 마지막 때에 우리가 귀 기울여야 할 중요한 메시지다. 그런데 이 경고의 말씀은 이렇게 끝나지 않는다. 그 다음 8절로 연결된다. 말세에 해야 하는 중요한 한 가지를 보라.

무엇보다도 뜨겁게 서로 사랑할지니 사랑은 허다한 죄를 덮느니라 벧전 4:8

만물의 마지막이 가까울 때, 우리가 정신 차리고, 근신하여 기도하고, 하나님께 예배하는 이 모든 일이 중요하다. 그런데 8절에 보면, '무엇보다도'라고 말씀을 시작하고 있는데, 영어성경에서는 이 부분이 'above all'이라고 되어 있다. 앞에서 열거한 그 모든 것보다 더 중요한 게 있다는 것이다. 그게 무엇인가? '서로 사랑하는 것'이다. 그러면서 그 사랑이 무슨 특징을 가지고 있는지에 대해 이렇게 설명한다.

"사랑은 허다한 죄를 덮느니라."

상대방의 연약함을 덮어주는 사랑, 상대방의 악한 모습과 허다한 허물을 덮어주는 사랑, 바로 이것이 우리가 해야 할 가장 중요한 일이란 것이다.

창세기 9장을 보면, 노아는 큰 실수를 저지른다. 포도주를 마시다 취해서 벌거벗은 채로 잠에 들었는데, 불행히도 아들들이 그 추한 모습을 목격한다. 그런데 똑같이 아버지의 실수와 허물을 보았는데, 함은 아버지의 실수를 다른 형제들에게 고하여 그 아버지의 허물과 수치를 드러냈다. 하지만 똑같은 아들인 셈과 야벳은 아버지의 수치를 가려주기 위해 '뒷걸음질 쳐' 들어갔다. 그들은 아버지의 수치를 보기 원하지 않았다. 뒷걸음쳐 들어가서 옷으로 아버지의 하체를 덮어주고, 아버지의 허물을 덮어주었다.

나는 창세기 9장 말씀을 묵상하면서 나 자신에게 이런 질문을 던졌다.

'이찬수 목사, 너는 함과 같은 인생이냐, 셈과 야벳과 같은 인생이냐? 남의 허물을 들춰내고 고발하여 세상 사람들 앞에 던져 수치의 자리에 빠지게 하는 자냐, 아니면 상대방의 일을 감춰주고 덮어주는 자냐?'

당신은 어떤가? 오늘 교회는 어떤가? 사실 이것이 간단한 문제는 아니다. 교회 안에 하나님의 공의가 세워져야 하고, 교회 안의 불의를 적당히 덮고 넘어가는 일이 있어서도 안 된다.

하지만 그 어떤 것보다 우리가 우선해서 기억해야 할 것이 바로 이것이라는 말이다.

"무엇보다도 뜨겁게 서로 사랑할지니 사랑은 허다한 죄를 덮느니라."

이 말씀을 간과해선 안 된다. 그렇다면 왜 이것이 우리에게 우선되어야 할 덕목일까? 그리스도께서 먼저 우리의 허다한 허물을 덮어주시는 십자가 사랑의 은혜로 우리를 건져주셨기 때문이다. 그 은혜의 감격이 내 안에서 용솟음치면 그 감격으로 인해 나 역시 누군가의 허물을 덮어주는 사랑이 나타나게 되는 것이다.

이런 맥락에서 '교회는 하나님의 가족 공동체'라는 정의와 관련하여 두 가지 사실을 함께 나누고 싶다.

교회는 결국 사랑의 문제

첫째로, '교회는 하나님의 가족공동체'라는 정의는 결국 '사랑'의 문제라는 것이다.

성경에서 요한복음, 요한일서, 요한이서, 요한삼서, 요한계시록은 사도 요한이 기록한 것인데, 이것들을 묶어 '요한문헌'이라고 한다. 요한문헌의 중심 사상은 '서로 사랑'이다. 그래서 요한이 기록한 성경을 보면 '사랑하라'는 말이 얼마나 자주 나오는지 모른다.

그럼 이런 질문을 할 수 있다. 요한은 왜 그토록 사랑을 강조했을까? 자료에 보면, 그 당시 요한의 말씀에 영향을 받아 사람들이 모여 요한공동체를 이루었다고 한다. 그런데 이들의 배경이 워낙 다양하다 보니 그 다른 배경 때문에 서로 다투고 분열하고 싸우는 일들이 종종 있었다는 것이다. 게다가 이단까지 들어와 공동체를 혼란하게 만들었다. 그래서 요한은 요한문헌을 통해 바로 이 메시지를 주고자 했던 것이다.

"당신들의 배경이 다르고, 가치관이 다르고, 사상이 다르다 할지라도 그것 때문에 서로 싸우고 다투면 안 된다. 그것을 포용하고 용납하고 사랑으로 하나 되는 마음을 갖지 않으면 진정한 그리스도인이라 말하기 어렵다."

오늘 우리 시대에도 바로 이 메시지가 절실히 필요한 것 아닌가?

나는 우리나라를 사랑한다. 많이 사랑한다. 오죽하면 온 가족이 다 이민 갔는데 나 혼자 다시 돌아왔겠는가? 나는 전 세계 어디를 가도 내가 우리나라 사람이란 게 너무 자랑스럽다. 그러나 내 마음을 찢어놓는 한 가지가 있다. 우리는 왜 이렇게 분열하는가? 이유는 모르겠지만 세 명만 모여도 두 편으로 갈라지는 것을 어떻게 해야 하는가? 분열이 심한 이 나라의 현실을 해결할 수 있는 유일한 대안이 있다면 교회뿐이다. 나는 그 골을 메울 수 있는 유일한 공동체가 십자가로 하나 되게 하는 교회라고 믿는데, 불행하게도 교회의 변질과 타락으로 교회 안에서도 틈만 나면 편을 가르고 있다는 것이 문제이다.

언젠가 어느 신문에 보니 이단과 관련한 기사가 났는데, 제목이 이랬다.

"신도와 교주 대부분이 '역기능 가정' 출신."

무슨 이야기를 하고 싶은지 제목에서 딱 떠오르지 않는가? 어떤 교수님이 학회에서 발표한 논문을 소개했는데, 그 교수님의 논문 제목이 이것이었다.

"신흥 종교의 교주와 교인들에 대한 심리학적 분석."

그 요지는 이랬다. 이단들은 교리를 가지고 다가가는 것 같지만 아니라는 것이다. 외로운 성도의 마음을 파고든다는 것이다. 그 기사 중에 이런 내용이 나온다.

"이단 사이비 단체는 소외감과 고립감, 외로움을 느끼는 이들에게 소속감의 욕구를 채워주는 방식으로 접근하고 있다."

또 이런 기사 내용도 있다.

"교회생활 측면에서는 목회자나 교우들에게 실망한 이들이 위험군에 속한다. 대표적 이단으로 꼽히는 모 이단 역시 기존 교회나 목회자에 대한 불만을 부추겨 이에 동조하는 성도들을 빼내가는 수법을 쓴다."

이런 기사를 보는데 마음에서 질문이 나온다. 성도들이 이단에 넘어가지 않도록 교회가 해야 할 일이 무엇인가?

물론 성경공부 잘 해야 한다. 이단에 빠지지 않도록 말씀을 잘 가르치고 배워야 한다. 그러나 성경공부, 교리강좌 하나 개설할 때 같이 움직여야 하는 것이 무엇인가? 오늘날 교회가 가족공동체라고 하는 기능을 잃어버리고 서로가 서로를 향해 "내가 내 아우를 지키는 자니까?"라고 외치는 소리가 난무하도록 방치해서는 안 된다는 것이다. 오늘 이 땅에 이단이 이렇게 득세하게 된 것은 '교회가 그리스도의 사랑으로 서로 간에 허다한 허물을 덮어주는 곳'이란 소중한 본질을 잃어버린 결과이다. 사랑으로 회복되어야 한다. 서로 용납해야 한다.

테레사 수녀가 노벨평화상을 받을 때 사람들이 이런 질문을 했다고 한다.

"세계 평화를 위해 우리가 무슨 일을 해야 합니까?"

그러자 테레사 수녀는 조용히 이렇게 대답했다고 한다.

"세계 평화를 위해 무슨 일을 해야 하느냐고요? 조용히 집에 가서 당신의 가족을 사랑하십시오."

누가 나에게 "한국교회가 이렇게 어려운데 교회 회복을 위해 무엇을 해야 합니까?"라고 묻는다면 이렇게 대답하겠다.

"한국교회가 회복되기를 원한다구요? 당신 교회 성도들에게 가서 그들을 조용히 사랑하고 섬기십시오."

오늘 이 땅의 모든 교회들이 그리스도의 사랑으로 회복되고, 가족공동체로서의 기능이 회복될 때 한국교회 전체가 살아나는 기적 같은 역사가 일어나리라 믿는다.

사랑은 감정이 아니라 영적인 문제이다

둘째로, 이처럼 '교회는 하나님의 가족공동체'라고 했을 때 '사랑'이 무엇보다 중요한데, 그 사랑은 결국 '영적인 문제'라는 사실을 함께 알아야 한다.

무슨 말인가? 창세기 4장 5절에 보면, 가인이 동생 아벨을 죽이는 과정에서 이런 묘사가 나온다.

가인과 그의 제물은 받지 아니하신지라 가인이 몹시 분하여 안색이 변하니 창 4:5

여기서 가인이 안색이 변할 정도로 분하게 된 것은 동생 아벨을 향한 것인가, 아니면 하나님을 향한 것인가? 하나님을 향한 것이다. 즉, 가인이 동생을 죽이게 된 원인은 동생 아벨과의 문제였다기보다는 하나님과의 영적인 관계에 문제가 생겼기 때문이란 말이다.

혹시 너무 미운 사람이 있는가? 그 얼굴만 떠올리면 분노가 생기는가? 누군가 너무나 미워서 못 견디겠다면 그 사람과의 관계를 점검하기 전에 영적인 문제를 점검해야 한다. 하나님과의 관계에 문제가 없는지를 점검해야 하는 것이다.

요한일서 3장 16절 말씀을 표준새번역으로 보자.

그리스도께서는 우리를 위하여 자기의 목숨을 버리셨습니다. 이것으로 우리가 사랑을 알게 되었습니다. 그러므로 우리는 형제자매를 위하여 목숨을 버리는 것이 마땅합니다. 요일 3:16, 표준새번역

우리가 사랑을 알게 되는 것은 이론으로 아는 것이 아니다. 내가 그리스도의 사랑을 경험할 때, 내가 십자가를 이해할 때, 내 모든 허물을 덮어주신 주님의 십자가 사랑을 경험할 때 진정한 사랑을 이해하게 된다는 것이다. 나는 이 말씀을 묵상하면서 하나님이 내게 꿈을 주시기를 원했다.

"그가 우리를 위하여 목숨을 버리셨으니 우리가 이로써 사랑을 알고 우리도 형제들을 위하여 목숨을 버리는 것이 마땅하니라."

이 말씀이 내 삶을 통해 이루어지기를. 그래서 이 말씀을 품고 기도했다.

"하나님, 저에게 이 꿈을 주옵소서. 지금의 제 영적 수준과 제 상태로는 형제를 위하여 목숨을 버리기까지 사랑하는 일은 가당치 않

습니다. 불가능한 일입니다. 그러나 포기하지 않고 제게 주님의 십자가 사랑이 각인되어 성화를 향해 나아갈 때, 제가 죽기 전에 꼭 이 사랑의 완성이 제게 구현되기를 원합니다."

사도행전 9장에 보면, 하나님이 그 포악했던 사울을 꺾으시어 위대한 사도 바울로 변화시키시는데, 그 과정에서 '아나니아'라는 한 사람을 사용하신다. 9절까지 말씀을 보면 하나님이 포악한 사울을 주저앉혀놓으시는 과정이 그려지고 있다. 그 다음 10,11절을 보자. 하나님이 아나니아에게 요구하시는 것이 무엇인가?

> 그때에 다메섹에 아나니아라 하는 제자가 있더니 주께서 환상 중에 불러 이르시되 아나니아야 하시거늘 대답하되 주여 내가 여기 있나이다 하니 주께서 이르시되 일어나 직가라 하는 거리로 가서 유다의 집에서 다소 사람 사울이라 하는 사람을 찾으라 그가 기도하는 중이니라 행 9:10,11

지금 하나님께서 아나니아에게 그 포악한 사울을 찾아가라고 명령하신다. 이것이 아나니아 입장에서는 얼마나 난감한 명령인가? 그에게 사울은 원수와 같은 사람이다. 이런 난감한 명령을 받고 아나니아는 하나님께 이렇게 말씀드린다.

> 아나니아가 대답하되 주여 이 사람에 대하여 내가 여러 사람에게 듣사온즉 그가 예루살렘에서 주의 성도에게 적지 않은 해를 끼쳤다 하더니 행 9:13

난감한 것이다. 내 원수인데, 내 동료를 잡아 죽인 원수인데, 하나님은 아나니아가 그 원수 사울을 사도 바울로 변화시키는 일에 쓰임받기를 원하셨다. 결과는 어떻게 되었는지는 다 알 것이다. 아나니아는 자기의 감정을 내려놓고, 자기의 미움과 분노를 뛰어넘어 하나님의 말씀에 순종했다. 그러자 아나니아가 위대한 바울 사도가 탄생되는 그 일에 하나님의 동역자가 되었다. 나는 이 구절을 보고 많은 생각이 들었다.

용서의 문제는 내 감정을 의지하는 것이 아니다. 내 마음이 좋아질 때까지 기다리는 것도 아니다. 하나님 말씀에 순종하여 의지적으로 결단하는 것이다. 먼저 손을 내미는 것이다. 그에게 가는 것이다. 내가 그를 기쁘게 용납하고 용서하는 반응을 보이면, 하나님께서는 감정도 따라오도록 인도해주실 것이다.

오늘 우리의 삶 가운데 내가 바울 같은 위대한 인물은 되지 못한다 할지라도 용서라는 도구를 통해 바울과 같은 인물을 변화시키는 일에 도구로 쓰임 받으면 어떻겠는가? 우리도 아나니아와 같이 하나님께 쓰임 받는 삶을 살게 되기를 바란다.

사랑의 능력이 살게 하는 원동력

나는 사랑에 대해 말하면서 이론으로 꽉 채우고 싶지는 않다. 그래서 사랑과 관련하여 직접 경험한 것을 함께 나누고 싶다. 예전에 사랑의 능력이 얼마나 비전이 되고, 꿈이 되고, 능력이 되는가를 너무나 뜨겁게 경험한 적이 있다. 그때의 일을 나눠보려고 한다.

언젠가 내 마음이 무척 힘들었던 적이 있다. 목회를 하다 보면 가끔씩 그럴 때가 찾아온다. 그 무렵, 우리 교회에 출석하는 정신과 의사 성도님이 몇 분 계신데, 그중 한 분이 나에게 이런 말을 간접적으로 전해주었다.

"요즘 이찬수 목사님 얼굴 표정과 목소리를 들어보니, 마음이 굉장히 힘든 것 같아요."

나는 깜짝 놀랐다. 안 들키려고 목소리도 밝게 하고 애를 썼는데 그 분은 내 마음이 힘들다는 것을 다 알고 있었다. 그런데 나는 그 정신과 의사를 찾아가 이실직고하고 상담이나 치료를 받지는 않았다. 왜냐하면 그 정신과 의사를 찾기 전에 하나님이 천사 한 사람을 보내주셔서 다 나아버렸기 때문이다. 순식간에 멀쩡해졌다.

그 천사가 누군가 하면, 우리 교회 고등부에 나오는 한 여학생이었다. 그 어린 여학생과 만나 대화하는 과정에서 내 상한 마음이 다 회복되었다. 그 여학생은 중증 우울증을 앓고 있어서 마음이 많이 힘들었던 자매였다. 그가 나를 찾아와서 장문의 편지를 주고 갔는데, 그 편지 앞부분에서 자신을 이렇게 소개했다.

목사님, 혹시 작년 6월 정신병동에 입원했다 한 달 만에 퇴원했다는 소녀의 이메일을 기억하시나요? (중략) 그런데 채 1년이 안 되어 다시 자살 시도를 하고 말았습니다. 이번에는 정말로 죽을 뻔했어요. 정신과 약 90알을 먹어서 의사 선생님들도 심장발작으로 죽거나 의식 불명 상태가 될 수 있다고 하셨는데 결국 살아났답니다. 그리고 눈 뜬 지 일주일 쯤 뒤에는 다시 정신병동에 입원해서 두 달 있다가 나온 지 2주 되었어요.

내가 이 아이를 만난 것이 병원에서 나오고 2주 지난 시점이었는데, 그때 나를 만나자마자 이런 이야기를 했다. 병원에서 퇴원하고 며칠 뒤에(나를 만나기 며칠 전이다) 또 다시 자살충동이 와서 한강으로 갔다고 한다. 그때 한강으로 뛰어내리려다가 한강을 순찰하며 다니는 경비정 때문에 못 뛰어내렸다고 한다. 자기가 지금 뛰어내리면 경비정이 건져낼 것이고, 그럼 자기는 또 정신병원에 입원해야 할 테니 뛰어내릴 수 없었던 것이다.

이렇게 심각한 어려움을 겪고 있던 자매였는데, 그 자매가 우연히 나의 설교를 듣게 됐다고 한다. 그 설교를 계기로 분당우리교회로 오게 되었고, 지금도 설교 말씀으로 힘을 얻고 있다고 한다.

그날 이 아이가 선물이라고 가방에서 뭔가를 꺼내는데, 자기가 만든 시집 같은 것이었다. 보니까 시, 명언을 한 장 한 장 코팅하고 명화도 담아서 묶은 것인데 밤을 새워 만든 것이란다. 그렇게 정성껏 만든 묶음을 두 개나 선물로 주었다. 그것과 함께 동봉한 편지에 이런 내용이 있었다.

"죽으려 했던 저에게 이런 열정이 남아 있었나 저도 놀랐습니다."

한 시간 정도 이런저런 대화를 나누며 나는 그 아이에게 이런 제안을 했다.

"나도 너만 한 딸들이 있단다. 내가 네 큰아빠 해줄게. 너는 내 조카 해라. 우리 친하게 지내자."

그렇게 이야기를 나누고 기도해준 후에 아이를 보냈다. 그 아이가 내게 준 편지 말미에 이런 대목이 있었다.

추신.
목사님 은퇴하시고 밥 한 끼 같이 먹을 성도 없으실 때 저한테 연락 주세요. 그땐 제가 어른이니까 맛난 것 대접할게요.

나는 그 편지를 보면서 너무 목이 메었다. 그 무렵 예배 때 농담 반 진담 반으로 이런 얘기를 했었다.

"저는 우리 교회에서 누군가를 편애하는 일을 만들지 않으려고 어떤 장로님이든, 교역자든 둘만 만나서 밥 먹고 영화 보고 그러지 않습니다. 그래서 이 큰 교회에 담임목사로 있지만 은퇴하면 밥 한 끼 얻어먹을 성도가 없을 것 같습니다."

그 아이가 이 이야기를 듣고는 마음이 쓰여 편지에 그렇게 적은 것 같다. 그 편지를 보고 아이에게 전화를 했다.

"목사님이 지금 많이 지치고 힘들었는데 너 때문에 힘내기로 했다. 목사님이 약속할 게 하나 있는데, 너에게 밥을 얻어먹기 위해서라도 목사로서 실망시키는 일 하지 않고 끝까지 목회 잘 할 것이다. 그러니 너도 목사님 은퇴하면 밥 사준다는 그 약속 지켜야 한다. 네가 힘들다는 건 알지만 꼭 살아야 해. 그래서 목사님에게 밥 사주겠다는 그 약속 꼭 지켜야 한다. 네가 왜 살아야 하는지 그 이유를 발견하지 않았니? 그 꿈을 가지고 살아야 해. 목사님도 끝까지 절대 변질되지 않을게. 약속하마."

나는 지금도 가끔씩 그 아이 생각을 한다. 그 아이는 죽으면 안 된다. 내게 희망이다. 또 내가 그 아이에게 희망이 되기를 원한다. 이것이 교회이다. '덜 논리적이고 더 사랑하라'는 말처럼 허다한 허물을 덮는 그리스도의 사랑의 모습이 바로 교회의 모습이다.

새 계명을 너희에게 주노니 서로 사랑하라 내가 너희를 사랑한 것같이 너희도 서로 사랑하라 너희가 서로 사랑하면 이로써 모든 사람이 너희가 내 제자인 줄 알리라 요 13:34,35

바로 이런 꿈을 함께 나누는 곳이 교회이다. 이런 사랑의 능력이 우리를 살게 만드는 원동력이 되기를 바란다.

영성,
복음을 덧입고 강건해지다

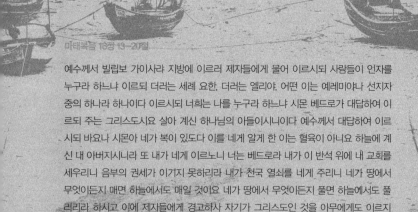

마태복음 16장 13~20절

예수께서 빌립보 가이사랴 지방에 이르러 제자들에게 물어 이르시되 사람들이 인자를
누구라 하느냐 이르되 더러는 세례 요한, 더러는 엘리야, 어떤 이는 예레미야나 선지자
중의 하나라 하나이다 이르시되 너희는 나를 누구라 하느냐 시몬 베드로가 대답하여 이
르되 주는 그리스도시요 살아 계신 하나님의 아들이시니이다 예수께서 대답하여 이르
시되 바요나 시몬아 네가 복이 있도다 이를 네게 알게 한 이는 혈육이 아니요 하늘에 계
신 내 아버지시니라 또 내가 네게 이르노니 너는 베드로라 내가 이 반석 위에 내 교회를
세우리니 음부의 권세가 이기지 못하리라 내가 천국 열쇠를 네게 주리니 네가 땅에서
무엇이든지 매면 하늘에서도 매일 것이요 네가 땅에서 무엇이든지 풀면 하늘에서도 풀
리리라 하시고 이에 제자들에게 경고하사 자기가 그리스도인 것을 아무에게도 이르지
말라 하시니라

04

하나님의 임재를
갈망하라

영성의 기둥

교회가 회복되기 위해서는 우선적으로 복구해야 될 두 기둥이 있는데, 1장에서 살펴본 것처럼 첫 번째 기둥은 '사랑의 기둥'이다. 웨인 코데이로 목사님이 말한 대로 교회는 처음부터 끝까지 사랑만 있는 공동체이다. 교회가 사랑을 잃으면 다 잃는 것이다. 우리가 이런 정신을 가지고 교회 안에 사랑의 기둥을 복구해야 한다.

그런가 하면 교회가 회복되기 위해 복구해야 할 두 번째 기둥은 '영성'이란 기둥이다. 이 장에서는 '영성의 기둥'에 대해 살펴보자.

영성의 기둥은 왜 필요한가? 사랑의 회복이 절실하지만 안타깝게도 그 사랑은 내 안에 있지 않다. 교회가 사랑을 회복하기 위해서는 영적인 공급이 필요하다. 왜냐하면 사랑은 하나님께 속한 것이기 때문이다.

앞에서 소개한 웨인 코데이로 목사님의 《세상을 가슴 뛰게 할 교회》라는 책의 부제는 이미 언급한 대로 '하나님과 사람 모두에게 사랑받는 교회의 열두 가지 특징'이다. 그러면서 그 특징들을 쭉 열거하는데, 여기서 내가 주목하는 것은 그 열두 가지 특징 중 제일 먼저 나오는 것이 '하나님의 임재에 굶주린 교회'란 것이다. 이것이 왜 그렇게 나에게 의미 있게 다가왔는가?

그 책에서 열거하는 나머지 열한 가지 덕목들도 하나같이 다 소중한 것들이다. 예를 들면 이런 것이다. '감사가 일상생활인 교회', 얼마나 아름다운 교회인가? '가족만큼 서로 끈끈한 교회', '실수마저 배움의 기회로 삼는 교회', '나보다 남을 생각하는 교회'. 이런 아름다운 덕목들이 쭉 열거된다.

그런데 우리가 알아야 할 것은 이처럼 아름다운 열한 가지 덕목이 다 구현된다 하더라도 하나님을 갈망하는 마음, 하나님 임재에 대한 목마름이 없다면 그 교회는 병든 교회란 사실이다. 이미 첫 번째 항목에서 병이 들었는데 나머지 것들이 아무리 아름다운들 무슨 소용이겠는가?

나는 이것과 관련하여 한국의 모든 교회가, 또 우리 교회가 다른 어떤 것보다 정말 하나님의 임재를 갈망하는 교회면 좋겠다. 우리끼리 맨땅에 헤딩하고 애쓰는 교회가 아니라 하나님으로부터 은혜를 공급받는 교회, 하나님의 풍성한 사랑을 공급 받아 사랑 넘치는 사람으로 변화되는 은혜를 체험하는 교회가 되어야 한다.

그래서 이제 교회의 태동과 관련하여 예수님이 굉장히 중요한 말씀들을 전해주시는 마태복음 16장 3-20절의 본문 말씀을 통해, 교회가 왜 영적인 공동체여야 하는지에 대해 나눠보려고 한다. 본문 안에서 교회가 영적인 공동체임을 보여주는 예수님의 표현을 세 가지로 정리해보았다.

신앙고백 위에 세워진 교회

첫째로, 교회가 영적인 공동체임을 알 수 있는 예수님의 표현은 18절에 나오는 "이 반석 위에 내 교회를 세우리니"라는 표현이다.

마태복음 16장에 보면 예수님이 굉장히 중요한 두 가지 질문을 던지신다. 첫 번째 질문은 13절이다.

예수께서 빌립보 가이사랴 지방에 이르러 제자들에게 물어 이르시되 사람들이 인자를 누구라 하느냐 마 16:13

두 번째 질문은 15절이다.

이르시되 너희는 나를 누구라 하느냐 마 16:15

사실 주님의 이 두 갈래의 질문은 굉장히 중요한 의미를 가지고 있다. 이렇게 질문을 던지시자 제자들은 첫 번째 질문에 이렇게 대답했다.

이르되 더러는 세례 요한, 더러는 엘리야, 어떤 이는 예레미야나 선지자 중의 하나라 하나이다 마 16:14

주님의 두 번째 질문에 대한 답은 16절에 나온다.

시몬 베드로가 대답하여 이르되 주는 그리스도시요 살아 계신 하나님의 아들이시니이다 마 16:16

나는 이 부분을 묵상하다가 '바로 이거다. 바로 이것이 교회와 세상의 차이점이다'라고 생각했다. 교회가 복지재단 운영하고, 구제 많이 한다고 교회가 아니다. 교회의 교회 됨은, 즉 교회가 세상과 구별된 것은 바로 이 고백의 차이이다. 세상 사람들은 예수님을 4대 성인 중 한 사람 정도로 생각하는데, "아니다. 주님은 하나님이시다. 주님은 그리스도시다. 주님은 내 인생의 주인이시다"라고 고백하는 사람들이 모여 있는 공동체가 바로 교회란 말이다.

그렇기 때문에 교회는 어떤 행위로 결정지으면 안 된다. 그 삶의 무게 중심이 어디에 있느냐로 구분되어야 한다. 예수님도 베드로의 그 신앙고백을 받으시고는 바로 18절에서 이렇게 말씀하셨다.

또 내가 네게 이르노니 너는 베드로라 내가 이 반석 위에 내 교회를 세우리니 음부의 권세가 이기지 못하리라 마 16:18

교회는 베드로의 이 아름다운 신앙고백을 반석으로 삼아 시작된 공동체이다.

예수는 종교 그 이상이다

방송국 뉴스 앵커로 활동하다가 목사가 된 분이 계신다. 그 분이 쓴 책을 보니, 자신이 어떻게 예수님을 믿게 되었는지 그 과정을 간증하는데, 그 내용이 참 재미있었다.

그 분은 불심(佛心) 강한 집안에서 태어났다. 우리로 치면 모태불교신자였다. 어머니 배 속에서부터 불교를 믿었다. 그런데 불행하게도(?) 예수 믿는 자매를 사랑하게 됐다. 그 자매를 얼마나 사랑했던지 '나와 결혼해주면 교회에 나가겠다'고 약속을 하고 결혼을 했다. 우리 교회에도 그런 분이 많다. 그 약속을 지키기 위해 억지로 교회에 나와 졸고 있는 분들을 보면 그것만으로도 대단하단 생각이 든다. 그러다 예수님을 깊이 만난 분들도 많다. 그런데 이분은 약속을 어겼다. 결혼하자마자 자기가 교회에 가기는커녕 아내도 못 가게 했다.

그러다 미국의 특파원으로 가게 되었는데, 미국은 또 골프의 나라 아닌가? 골프에 빠져 매주 주말마다 골프를 치러 나가니 집에만 있는 아내와 아이들에게 미안해졌다. 그래서 "집에만 있지 말고 이제 교회 가라"고 했다고 한다. 그렇게 해서 아내는 다시 교회에 다니기 시작했다.

그런데 이게 그 분에게는 화근이었다. 미국 생활을 끝내고 한국으로 돌아와서 보니, 자기는 이제 주말에 골프 안 치니 아내도 교회에 그만 나가야 하는데, 그게 마음대로 되지 않는 것이다. 그래서 아내가 교회 다니는 것을 어쩔 수 없이 방치하고 있었다. 그런데 한술 더 떠서 아내가 어느 날부터 새벽기도를 나가기 시작했다. 자기가 알기로 아내는 저혈압이라 새벽에 잘 일어나지도 못하는데, 그 꼭두새벽에 일어나 매일 나가는데 자꾸 이상한 생각이 들었다.

'이 새벽에 잠도 안 자고 뭐하는지 모르겠네. 교회 간다고 하고 딴 데 가는 거 아니야?'

그래서 한 번은 아내가 나간다는 교회를 몰래 따라갔다. 2층 어느 구석에 앉아 있자니 그 모습이 가관이었다. 새벽에 불 다 끄고 소리 내어 기도하는데 제정신이 아닌 것 같아 보였다. 생각해보라. 방언기도가 우리 같은 믿는 사람들에게는 사모하는 은사이지만, 안 믿는 사람 입장에서는 얼마나 무섭겠는가? 새벽에 이상한 소리를 내며 기도하는 모습이 그 분에게는 너무 생소하고 낯설고 두렵기까지 했을 것이다. 자기 아내가 이런 데 출석한다는 것에 충격을 받았다.

당시 그 분이 MBC 뉴스데스크 주말 앵커를 하고 있었는데, '잘

됐다. 이것을 취재해서 뉴스에서 고발해야겠다'고 생각했다. 그래서 취재하러 새벽마다 그 교회에 나갔는데, 그렇게 4일째 되던 날 희한한 일이 벌어졌다. 기자 정신이 얼마나 날카로운가? 우리처럼 은혜 받으러 간 것이 아니라 비판하고 분석하러 갔으니 긴장하며 앉아 있었을 것이다. 그런 그 분에게 너무 난감한 일이 벌어졌다. 그날 사람들이 모여 노래를 부르는데, 갑자기 눈물이 툭툭 떨어지더라는 것이다. 그게 찬송가 539장이었다.

너 예수께 조용히 나가 네 모든 짐 내려놓고
주 십자가 사랑을 믿어 죄 사함을 너 받으라

의도하지도 않았고 갈망하지도 않았는데 자기 의지와 아무 상관 없이 갑자기 눈에서 눈물이 주르륵 떨어졌다. 갑자기 일어난 일이라 자기도 너무 당황하여 '내가 왜 이러나?' 하는데 한번 눈물이 터지니 봇물 터지듯 눈물이 막 쏟아졌다고 한다.

생각해보라. 어떻게 이런 일이 가능할까? 내가 내 육신의 주인인데 말이다. 영화를 아무리 감동적으로 만들어서 눈물, 콧물 흘리게 해도 감동 안 받겠다고 결심하고 보면 모든 것이 유치한 신파극처럼 보인다. 내가 내 감정의 주인으로서 감정을 통제할 수 있기 때문이다.

그런데 그날 그 분에게 무슨 일이 일어났기에 자기감정과 상관없는 그런 일이 일어났느냐 말이다. 이런 일이 어떻게 가능한가? 그것은 교회가 영적인 공동체이기 때문에 그렇다.

이 신비로운 현상을 경험한 그 분은 '예수가 누구인지 좀 알아봐야겠다'라고 생각하고 성경을 읽기 시작했다. 그래서 성경을 읽기 시작했는데 다섯 번을 읽었다고 한다. 그렇게 성경을 다섯 번 읽으면서 그 분 표현으로 진리를 만났다. 성경을 읽다가 예수님을 인격적으로 만난 것이다.

그 분의 책을 보면 자기가 예수님을 만났던 과정을 피력하는데 이런 표현을 사용한다.

"기독교가 종교였다면 나는 불교를 떠나지 않았을 것이다."

참 묘하게 의미가 있었다. 그러면서 '메타 릴리전(meta religion)'이라는 표현을 쓴다. '메타'는 우리말로 '~을 초월한', '~의 이면에' 라는 뜻을 가지고 있다. 그러니 '메타 릴리전'이라는 표현은 "예수는 종교 그 이상의 것이다"란 뜻이다. 그래서 예수님이 종교 그 이상 되시는 분임을 알아내기 위해 영안을 열고 읽어야 하는 것이 성경이다.

그 분이 너무나 은혜를 받고 나중에는 목사까지 되었다. 참 감사한 일 아닌가? 그런데 그 분의 간증이 기쁘고 감사하면서도 한편으론 마음이 아팠다. 오늘날 교회 안에서 이런 놀랍고 역동적인 일이 왜 더 많이 일어나지 않는가 하는 질문 때문이었다.

현대교회의 비극이 무엇인가? 교회가 '메타 릴리전', 즉 '예수는 종교 그 이상이다'를 보여줘야 하는데, 오늘날 그 기능이 제대로 작동

되지 못하고 있다는 것이다. 나는 그것이 마음 아팠다.

그러면 어떻게 하면 이것이 회복되는가? 그 반석 위에 교회가 세워졌다면, 그 반석을 회복해야 하는 것 아닌가? 베드로가 했던 놀라운 고백, "주는 그리스도시요 살아 계신 하나님의 아들이십니다, 주님은 내 인생의 주인이십니다"라는 신앙고백이 회복되어야 한다. 그럴 때 교회로서의 기능이 살아날 줄 믿는다.

하나님의 주도하심으로 유지되는 교회

둘째로, 교회가 영적 공동체임을 보여주는 예수님의 표현은 17절의 "이를 네게 알게 한 이는 혈육이 아니요 하늘에 계신 내 아버지시니라"라는 표현이다. 이것은 하나님의 주도성을 강조하는 표현이다.

16절에서 베드로가 "주는 그리스도시요 살아 계신 하나님의 아들이시니이다"라고 고백하자, 그 고백을 들으시고 예수님이 18절에서 "이 반석 위에 내 교회를 세우리니"라고 말씀하셨다. 그런데 바로 그 앞의 17절에서 예수님이 하신 말씀이 이 말씀이다.

> 예수께서 대답하여 이르시되 바요나 시몬아 네가 복이 있도다 이를 네게 알게 한 이는 혈육이 아니요 하늘에 계신 내 아버지시니라 마 16:17

자, 이 부분을 잘 생각해야 한다. 여기서 예수님은 처음으로 '에클레시아' 즉 우리말로 '교회'에 대해 언급하시는데, 그 중요한 순간에 어떤 전제를 주시는가?

"교회는 네가 방금 고백한 그 신비로운 고백, '주는 그리스도시요 살아 계신 하나님의 아들'이라는 고백을 하는 공동체이다. 하지만 더 중요한 것은 그 고백이 네 혈육에서, 네 인간적인 지식에서 나오는 것이 아니라 하나님이 주시는 것임을 인정하는 공동체야."

바로 이것을 말씀하시는 것이다. 교회는 그 출발 자체가 하나님의 주도성을 강조함으로 태동되었다. 그래서 기독교 역사적으로 교회를 이렇게 정의한다.

"부름 받은 하나님의 백성들의 모임."

이것이 전통적인 교회의 정의라면, 여기에서 전제는 무엇인가? 누가 그 백성들을 불렀는가? 누가 주도하였는가? 하나님이 불러주신 것 아닌가? 하나님의 주권, 주도하심이 그 전제이다.

만약 앞에서 언급했던 앵커 출신의 그 목사님이 "내가 똑똑하고 지혜가 있어서 성경에서 하나님을 발견했다"라고 말했다면, 그 분은 하나님을 잘못 알고 있는 것이다. 물론 그렇게 말씀하지 않으셨다. 그 분이 움직이기 전에 이미 하나님께서 그를 사랑하셔서 그 마음속에 하나님을 알고자 하는 마음을 주권적으로 불어넣어 주신 것이다.

이처럼 교회의 출발은 하나님의 주도성을 인정하는 것이다. 그런데 오늘날 교회의 가장 치명적인 문제는 이것을 놓치고 있다는 것이다. 이런 측면에서 이 땅의 많은 교회들이 위기에 빠졌다. 교회는 하나님이 잘 안 보이고 눈에 보이는 사람이 중요해지는 시점부터 타락하기 시작한다. 분당우리교회라고 예외라 생각하지 않는다.

나는 교회를 개척한 지 7년째 되던 해에 1년간 안식년을 가졌다. 더 이상 목회를 할 수 없을 만큼 피곤하거나 지쳐서 안식년을 가진 것이 아니었다. 내가 안식년을 가져야겠다는 결심을 하게 된 결정적인 이유가 있었다. 어느 날 문득 보니, 교회가 갑자기 급성장하여 많은 성도들이 모여들었는데, 그러다 보니 분당우리교회에서 담임목사가 너무 중요해지기 시작했다는 자각이 들었다. 모두가 담임목사 얼굴만 바라보는 것 같은 상황이었다. 그래서 결단을 내린 것이다. 안식년을 떠나기 마지막 주일에 이런 광고를 했다.

"교회에서 이찬수 목사가 너무 중요해져버린 상황이 벌어져 잠시 교회를 떠나기로 했습니다. 이찬수 목사가 사라져도 분당우리교회는 별 어려움이 없다는 사실이 증명될 때 다시 나타나겠습니다."

물론 농담 섞어 던진 메시지였지만 그 중심은 진심이었다. 누구라도 교회에서 사람이 너무 중요해지는 것은 막아야 한다. 그것을 방치하면 그 사람이 하나님보다 더 중요해지는 타락이 시작되기 때문이다. 루터가 종교개혁을 단행한 근본적인 이유도 여기에 있지 않는가?

교회는 하나님만 주인공이시다. 하나님만 중요한 분으로 계시면 된다. 출발부터 하나님이 주도하셨고 하나님이 주권을 가지고 운행하는 곳이기 때문이다. 이것이 바로 주님이 주신 두 번째 말씀의 포인트이다.

교회는 음부의 권세가 이기지 못한다

세 번째로, 교회가 영적인 공동체임을 보여주는 예수님의 세 번째 표현은 18절 하반절의 "음부의 권세가 이기지 못하리라"이다.

사실 나는 주님의 이 말씀이 너무 슬프다. 주님은 교회가 능력이라고 말씀하신다. 능력이되, 음부의 권세를 파하기까지 하는 능력이라는 것이다. 그런데 왜 이 구절이 슬프게 다가오는가? 오늘날 교회에 이 권세가 잘 나타나는 것 같지 않기 때문이다.

나는 요즘 교회가 여기저기 무너지는 것을 보면서 '음부의 권세'의 위력에 위축감을 느낀다. 이게 만만한 존재가 아니다. 얼마나 교활한지, 사람 마음을 이간질하고 돌아서게 하고 갈라지게 하는 데 달인이다. 거기에 놀아나는 우리는 아마추어 중의 아마추어다. 그러니 이렇게 많은 교회들이 몸살을 앓는 것 아닌가?

가정을 깨뜨리는 데도 음부의 권세가 달인이다. 양가 부모가 아무리 떼어놓으려고 그렇게 애를 써도 안 됐는데, 이 악한 권세의 모함과 이간질에 얼마나 많은 가정이 무너지고 있는가?

그러니 많은 교회들 역시 그에 넘어가고 마는 것이다. 존경받던 목사님이, 건강한 교회라고 인정받던 교회들이 한 순간에 혼란스런 상황에 빠지고 분쟁과 다툼에 휩쓸렸다는 소식을 들을 때마다 너무나 절망스럽다. 그 다음 차례는 내가 아니라고 누가 감히 자신할 수 있겠는가?

우리는 어떻게 해야 하는가? 어떻게 하면 주님이 "음부의 권세가 이기지 못하리라"라고 하신 이 놀라운 말씀을 회복할 수 있는가? 교회의 역사를 한번 보자.

사도행전 2장에 교회가 태동되는 과정이 나오는데, 특히 2장 후반부에 너무나 아름다운 사랑의 공동체로서 교회가 출발한다. 그런데 바로 그 출발 직전인 사도행전 2장 초반절에 무엇이 나오는가? '강력한 성령의 임재와 주도하심'이 피력되고 있다.

> 홀연히 하늘로부터 급하고 강한 바람 같은 소리가 있어 그들이 앉은 온 집에 가득하며 마치 불의 혀처럼 갈라지는 것들이 그들에게 보여 각 사람 위에 하나씩 임하여 있더니 행 2:2,3

이처럼 처음부터 강한 성령님의 영향력과 그분의 일하심으로 태동된 것이 교회이다. 강력한 어떤 종교 지도자로부터 시작된 것이 아니다. 그렇게 사도행전 2장 초반에 성령의 강력한 역사하심이 나타나고, 후반부에선 교회가 그 성령의 보호하심 아래 알콩달콩 서로 사랑하는 모습을 보이면서 끝나지 않는다. 바로 3장으로 넘어가면 어떤 사건이 기록되어 있는가? 교회 지도자인 베드로와 요한이 시간을 정해 하나님께 기도하러 성전으로 가다가 나면서부터 못 걷는 어떤 장애인을 고쳐준다. 그리고 그 과정에서 사도행전 3장 6절에 이런 선포가 나온다.

베드로가 이르되 은과 금은 내게 없거니와 내게 있는 이것을 네게 주노니 나사렛 예수 그리스도의 이름으로 일어나 걸으라 행 3:6

우리는 성경을 읽을 때 하나님이 무슨 의도로 이렇게 열거하고 계신가를 생각하면서 읽어야 한다. 왜 교회 태동을 가운데 놓고 그 앞에는 성령의 강한 역사를, 그리고 3장으로 넘어가서는 예수 그리스도의 이름으로 장애가 고침 받는 기적의 역사를 기록했겠는가?

우리끼리 알콩달콩 잘 지내는 것은 교회의 한 모습이지만 교회의 본질은 아니다. 그 모습이 좋다고 여전히 2장에만 머물러 있어서는 안 된다. 3장으로 넘어가야 한다. 예수 이름의 능력을 선포해야 한다. 예수 이름의 능력을 경험해야 한다. 내 앞을 가로막는 수많은 장애물을 뛰어넘는 능력 말이다.

그래서 예수님은 종교 그 이상의 분이시다. 그저 명상하고 묵상하고 '아, 말씀 참 좋다' 하면서 여기에 머무는 종교가 아니다. 인격적으로 나를 주관하시는 하나님, 오늘도 내가 그분의 이름을 부를 때, 그분의 이름으로 그분의 능력을 선포할 때, 내 안에 산적해 있는 그 많은 문제들을 어떻게 하나님의 능력으로 물리칠 수 있는지를 맛보고 경험해야 한다. 그래서 예수 그리스도께서 종교 이상의 분임을 체험하는 우리가 되기를 바란다.

오늘날 교회가 너무 무기력한 것 아닌가? 이 능력을 다시 체험하기 위해 교회가 시급히 회복해야 할 것은 나사렛 예수 그리스도의 이름이다. 그 이름의 능력을 회복해야 한다.

본질을 잃으면 길을 잃는다

그러가 하면 우리는 예수님의 능력으로 올바른 길을 회복해야 한다. 역사를 보면 예수님과 유사했던 한 인물이 있다. 알렉산더 대왕이다. 참 재미있는 것은 알렉산더 대왕도 예수님처럼 33살에 죽었다. 그리고 예수님과 마찬가지로(물론 다른 의미이긴 하지만) 그 역시 세계를 정복했던 사람 아닌가?

이런 공통점이 있는데, 알렉산더 대왕과 예수님과의 차이점이 하나 있다. 알렉산더 대왕은 죽기 전에 "당신이 남긴 이 엄청난 제국은 누가 차지합니까?"라는 질문에 이런 말을 했다고 한다.

"가장 강한 자가 차지할 것이다."

알렉산더 대왕의 이 말 때문에 가장 강한 자가 되어 그 엄청난 제국을 차지하려는 많은 후계자들로 그의 사후에 '디아도코이 전쟁(the Wars of Diadochoi)'이 무려 40년이나 지속되었다.

우리 정직하게 자기 자신과 교회를 돌아보자. 오늘 교회의 모습이 예수님의 제자들이 걸어간 그 길을 추구하고 있는가? 아니면 알렉산더 대왕의 후계자들이 추구했던 길을 따르고 있는가?

때리면 맞고 쫓아내면 쫓겨나고 묵묵히 십자가의 길을 걸으면서도 이 세상 사람들을 사랑과 복음의 능력으로 정복해가고 있는가? 규모를 키우고 힘을 키우며 미친 듯이 자기를 방해하는 사람들과 싸움질하는 것이 오늘 우리의 비참하고 초라한 모습은 아닌가?

내가 목회를 하면서 교회를 바라볼 때 마음 아픈 것 중에 이런 것이 있다. 교회가 왜 이렇게 사나운가? 왜 이렇게 무례한가? 내게 이메일이나 혹은 전화로 많은 건의가 들어온다. '이것은 이렇게 해주세요, 저것은 저렇게 해주세요'라고 한다. 그렇게 요구하는 사항들을 살펴보면 틀린 말이 별로 없다. 다 옳은 이야기다.

그런데 간혹 가슴이 아픈 것은 분명히 옳은 건의를 하는데 때로 너무나 무례하고 난폭한 언어를 사용하는 분들이 있다는 것이다. 처음부터 싸움 걸 듯, '이거 안 들어주면 내가 가만히 안 있을 거야' 하는 느낌이다. 교회가 꼭 알렉산더 대왕의 후손인 것처럼 '내가 목사들 잘 아는데, 좋게 말하면 듣질 않아. 기선을 제압해야 해. 너 안 들어줄 거야? 너 죽을래?' 이렇게 전투하듯 다가온다.

그런 모습을 볼 때면 나는 슬프다. 여기는 교회인데, 우리는 예수님을 따르는 자들인데, 왜 언제부터 교회가 예의를 갖춰서 온유하게 이야기하면 안 되는 곳이 되어버렸는가?

우리의 모습이 얼마나 사나운지 아는가? 자신의 생각과 조금만 다르면 태도가 달라지고 소리 높여 분노를 표한다. 이게 어디서부터 잘못된 것인가? 우리가 예수 그리스도의 이름의 능력을 신뢰하는 하나님의 자녀라면 알렉산더 대왕의 후계자들이 추구하는 힘의 논리가 아닌 사랑과 용납하는 마음으로 온유해야 한다. 그래서 교회가 사나워지면 끝장이다. 예의를 잃어버리면 그 교회는 끝장이다.

예의를 놓치지 않는 교회가 되어야 한다.

교회가 왜 이렇게 사나워지고 분노가 많아졌는가? 본질을 잃어서 그렇다. 우리는 주님이 우리에게 주신 세 가지 말씀을 마음에 잘 간직해야 한다. 그래서 영성의 기둥을 튼튼히 세워야 한다.

하나님의 임재가 교회의 본질이다

몇 년 전에 어느 기자가 쓴 〈하나님의 임재를 갈망하라〉는 글을 읽은 적이 있다. 그 글에 이런 대목이 나온다.

"지금 만신창이 상태인 한국교회에 결여된 가치 가운데 가장 중요한 것이 '임재의식'이라고 생각한다."

그러면서 북한의 지하교회에서 믿음생활을 하다 탈북한 한 여성 신앙인의 말을 거기에 소개했다. 나는 그 글을 읽고 마음이 참 아팠다. 그가 이런 말을 했다.

"북한에서 믿음생활을 하다 보면 하루도 성령님의 역사를 느끼지 않는 날이 없습니다. 하나님이 함께해주신다는 임재의식이 없다면 동토와 같은 그곳에서 도저히 믿음을 유지해 나갈 수 없습니다."

너무나 절실한 이야기 아닌가? 예수님을 믿다가 들켰다 하면 바로 사형을 당하는 그곳에서 어떻게 신앙생활을 유지할 수 있는가? 그것은 시마다, 때마다 함께해주시는 성령님의 임재를 경험하기 때문 아니겠는가? 그랬던 그 분이 종교의 자유를 누리려고 한국에 왔는데, 뭐라고 이야기하는지 계속 인용해보자.

"그러나 막상 한국에 오니 오늘 역사하시는 성령의 역사, 생생한 하나님의 임재를 체험하기가 쉽지 않았습니다. 그것이 괴롭습니다."

나는 이 글을 보고 목사로서 부끄러웠다. 제대로 된 예배 처소도, 예배 형식도 아무것도 없는 북한 지하교회에서는 하나님의 임재와 강권적으로 역사하시는 성령의 일하심을 느끼며 살았는데, 막상 자유롭게 신앙생활하기 위해 온 한국교회에서는 겉모습은 멀쩡하고 갖출 것은 다 갖췄는데 하나님의 임재가 잘 느껴지지 않는다. 참 가슴 아픈 일 아닌가?

헛 멋은 빼고 본질로 채우자

2013년에 〈블랙가스펠〉이란 기독교영화가 개봉했다. 이 영화는 동갑내기 친구 세 명이 미국 뉴욕의 할렘으로 가면서 시작된다. 그들이 그곳을 찾은 이유는 흑인음악의 뿌리가 되는 블랙가스펠을 배우기 위해서이다. 세 사람은 뉴욕 할렘에 도착해서 거기서 나름대로 마이크 좀 잡았다고 자부하는 한국 청년들과 합류하여 그곳 할렘 사람들과 함께 콘서트를 준비하는 과정을 그린 다큐멘터리 영화이다.

노래깨나 한다는 사람들이 블랙가스펠의 대가인 위다 하딩(Ouida Harding)을 만나 그에게 수업을 받는다. 그런데 첫 시간부터 엄청 깨졌다. 위다 하딩 선생님이 한 사람씩 '예수로 나의 구주 삼고'라는 찬양을 불러보라고 하는데, 노래를 하다가 중간에 노래를 딱 끊고는 무섭게 혼을 냈다.

"당신은 목소리가 참 좋네요. 그런데 그게 다예요! 목소리만 좋다고요."

"내 반주는 듣지 않고 자기 노래에만 집중한 거잖아요? 반주자와 하나가 됐다고 생각해요?"

이런 식으로 한 사람, 한 사람에게 직격탄을 날린다. 또 한 자매는 노래를 하는데, 눈을 지그시 감고 손으로 리듬을 타며 노래를 불렀다. 그러자 피아노 반주를 하던 위다 하딩 선생님이 갑자기 반주를 멈추더니 신경질적으로 질문했다.

"그 손은 왜 흔드는 거예요? 당최 그 손짓이 무엇을 의미하는지 내가 좀 알아야겠어요."

의미 없는 손짓이란 것이다. 그들을 향한 하딩 선생님의 지적은 한 마디로 그들이 '헛 멋'만 들었다는 것이다. 이런 꾸지람에 학생들은 모두 충격을 받았다. 어떤 학생은 눈물을 흘리기도 했다.

인터뷰 장면에서 "왜 그렇게 혼내셨어요?"라고 질문하자 위다 하딩 선생님은 이런 이야기를 했다.

"헛 멋이 든 제자를 가르치는 스승은 세상에 없습니다."

그것을 깨트리지 않고는 수업이 안 된다는 것이다. 한국에서 온 학생들은 너무 당황하고 놀라서 자신들의 문제점을 찾고 고치기 위해 노력했다. 하딩 선생님의 가르침의 포인트는, 노래는 그런 헛 멋만 가지고는 안 된다는 것이었다. 그리고 이런 말을 한다.

"여러분은 노래는 잘해요. 사실 테크닉은 완벽해요. 그러나 바로 그게 잘못된 점이에요. 기교를 부린다고 노래가 좋아지는 것이 아니에요. 잔기술로 사람들을 감동시킬 수 없어요."

그러면서 그들은 깨닫게 된다. 며칠이 지나 그들은 다시 하딩 선생님에게 간다. 얼마나 떨리겠는가? 거기서 '어메이징 그레이스'(나 같은 죄인 살리신)를 부르는데, 나는 그 장면을 보면서 울었다. 그들의 태도가 너무나 달라지고, 영감 있는 노래를 부르기 시작했기 때문이다.

내가 눈물을 흘렸던 것은, 그 장면이 감동적이기도 했지만 또한 한국교회가 불쌍하단 생각이 들었기 때문이다. 하딩 선생님과 같은 지도자를 잃어버린 교회, 겉멋이 들어 손짓하는 것 가지고 노래 잘하는 줄 착각해도 그것을 지적해줄 지도자가 없는 교회, 꾸짖어주는 어른이 없는 교회인 한국교회가 너무 불쌍했다. 지금 교회가 위기이다. 스승이 없다.

다툼을 벌이고 있는 교회를 보면, 두 열차가 마주보며 달리듯이 서로를 향해 달려드는데 다 하나님의 뜻이란다. 그러면 두 열차가 충돌하여 다 죽는 것이 하나님의 뜻이란 말인가? 아무리 내 생각이 옳다고 하더라도 내 생각을 내려놓고 '하나님은 어떻게 생각하시는지요?'라고 물어야 하는데, 지금 교회 안에 이게 사라져버렸다.

'하나님의 임재를 갈망하는 교회'를 다른 말로 하면, 그 영화 속 위다 하딩 선생님의 가르침을 따르는 것처럼 하나님의 인도하심을 갈망하는 교회가 되어야 한다는 말이다. 로마서 8장 26절에 이런 말씀이 있다.

> 이와 같이 성령도 우리의 연약함을 도우시나니 우리는 마땅히 기도할 바를 알지 못하나 오직 성령이 말할 수 없는 탄식으로 우리를 위하여 친히 간구하시느니라
>
> 롬 8:26

교회의 회복은 사랑의 기둥이 회복되어야만 가능하다. 그러나 동시에 그 사랑의 회복이 가능하도록 도우시는 '하나님 임재에 목말라하고 갈망하는 영적인 공동체로서의 회복'이 필요하다. 곧 영성의 기둥이 온전히 서는 것을 뜻한다.

사랑의 기둥과 영성의 기둥, 이 두 기둥이 온전히 회복되어 다시 한 번 부흥을 꿈꾸고 맛보는, 그래서 예배의 기쁨을 누리는 우리가 되었으면 좋겠다.

시편 78편 70-72절

또 그의 종 다윗을 택하시되 양의 우리에서 취하시며 젖 양을 지키는 중에서 그들을 이
끌어 내사 그의 백성인 야곱, 그의 소유인 이스라엘을 기르게 하셨더니 이에 그가 그들
을 자기 마음의 완전함으로 기르고 그의 손의 능숙함으로 그들을 지도하였도다

05
균형 잡힌
영성으로 서라

부르심과 화답의 조화

시편 78편 70-72절 말씀을 가만히 보면 구조적으로 박자가 잘 맞는 듯한 느낌을 받는다. 먼저 전반부에는 하나님이 주도적으로 이끌어주시고, 주도적으로 다윗을 부르시는 모습이 등장한다. 또 후반부에는 그 하나님의 부르심에 응답하고 화답하는 인간 다윗의 모습이 등장한다. 짧은 본문 속에서 두 가지 조화가 잘 이뤄지고 있는데, 이 조화가 깨지거나 어느 한쪽에서 그것을 파괴하면 불행이 찾아온다.

오래전에 개봉했던 〈실미도〉라는 영화를 많은 사람들이 보았을 것이다. 이 영화는 1968년 있었던 일명 '김신조 사건'이라는 실화를 바탕으로 한 영화다. 무장 공비 31명이 북한에서 남파되어 박정희

대통령을 암살하러 온다. 그 사건 이후로 당시 중앙정보부가 보복 계획의 일환으로 '684부대'를 창설하는데, 목표는 김일성 암살이었다. 그리고 그 일을 위해 중앙정보부에서는 사형수, 무기수 등 삶을 포기한 밑바닥 인생의 사람들을 찾아 사명을 부여했다.

"국가를 위해서 한 번 쓰임 받지 않겠는가? 그렇게 국가를 위해 멋지게 쓰임 받으면 모든 전과 기록, 범죄 행위 다 덮어주고 새 인생을 살도록 해주겠다."

그렇게 해서 모여든 젊은이들이 31명이었다. 얼마나 혹독한 훈련 과정을 거쳤는지, 그 과정에서 7명이 목숨을 잃고, 살아남은 24명은 최정예 부대가 되었다.

"명령만 떨어지면 김일성의 목을 따오겠습니다!"

이렇게 사기가 충천해 있었는데 문제가 생겼다. 그 사이 남북의 화해 분위기가 조성되고, 이런 공작을 내렸던 중앙정보부장이 교체되면서 혼란이 시작된 것이다. 그들은 훈련을 끝내고 3년 4개월이라는 긴 시간 동안 섬에 갇혀 대기만 하고 있었다. 그러다 보니 자기 존재 목적도 없어지고, 존재 가치도 상실하고는 방황하게 된 것이다. 영화 속에서 그들이 참다 참다 폭발하여 육지로 나왔다가 비참하게 목숨을 잃는 과정이 그려지는데, 그 영화를 보면서 마음이 참 아팠던 기억이 있다.

무엇이 문제였는가? 여기서는 두 조건 중에서 그들을 불렀던 중앙정보부의 수뇌부가 무책임했다. 그들을 불러서 훈련까지 다 시키고 나서는 뒷일에 대한 책임을 지지 않아 일어난 일이다. 그런가 하면 성경에는 전자, 즉 불러주신 하나님의 문제라기보다는 그 부름을 받았던 인간들에게 문제가 생겨서 불행해진 경우가 많다. 그 대표적인 경우가 가룟 유다이다.

그런데 시편의 본문 말씀은 너무나 유쾌하고 흔쾌하게도 그 전반부에 불러주신 하나님도 너무나 신실하시고, 그 부름에 응답한 인간 다윗도 신실하여 그의 인생이 놀랍게 비상하는 내용을 담고 있다.

나는 본문 말씀을 가만히 보면서 이런 욕심이 생겼다. 우리 교회에서 예배드리는 모든 성도들이, 이 책을 읽는 모든 독자들이, 이 땅의 모든 크리스천들이 다윗처럼 불러주시는 하나님의 신실하심과 거기에 응답하는 우리의 반응이 결합하여 비상하는 은혜가 있었으면 좋겠다. 그래서 인생의 전반전보다 후반전이 훨씬 윤택한 놀라운 복이 있기를 바란다. 그러기 위해서는 본문 말씀을 잘 살펴봐야 한다.

하나님은 삶의 현장에서 부르신다

본문에서 우리가 먼저 살펴야 할 것은 주권적으로 일하시는 하나님이다.

> 또 그의 종 다윗을 택하시되 양의 우리에서 취하시며 젖 양을 지키는 중에서 그를 이끌어 내사 그의 백성인 야곱, 그의 소유인 이스라엘을 기르게 하셨더니
>
> 시 78:70,71

하나님이 먼저 일하셨다. 주권적으로 다윗에게 다가가셨다. 하나님이 주권적으로 다윗을 불러주셨는데, 여기서 중요한 것은 무엇인가? 다윗이 어디에 있을 때, 무엇을 할 때 부르셨는가? 양의 우리에서, 자기에게 주어진 일을 열심히 하고 있을 때였다. 여기에 굉장히 중요한 메시지가 담겨 있다. 하나님은 삶의 현장을 중요하게 생각하신다는 것이다. 하나님 앞에 모여 정결한 예배자로 예배를 드리는 모습도 귀하게 보시지만, 엿새 동안 우리가 지내는 삶의 현장을 굉장히 귀하게 보신다는 것이다.

그러고 보면 성경에는 자신의 생업의 현장에서 최선을 다하다가 부름을 받은 경우가 의외로 많다. 대표적인 케이스가 베드로 아닌가? 베드로는 어부로서 고기 잡는 그 생업의 현장에서 부르심을 받았다. 누가복음 5장 3-5절을 보자.

> 예수께서 한 배에 오르시니 그 배는 시몬의 배라 육지에서 조금 떼기를 청하시고
> 앉으사 배에서 무리를 가르치시더니 말씀을 마치시고 시몬에게 이르시되 깊은
> 데로 가서 그물을 내려 고기를 잡으라 시몬이 대답하여 이르되 선생님 우리들이
> 밤이 새도록 수고하였으되 잡은 것이 없지마는 말씀에 의지하여 내가 그물을 내
> 리리이다 눅 5:3-5

여기서 중요한 것은 예수님이 지금 어디에다 포커스를 맞추고 계시느냐 하는 것이다. 만약 예수님이 결과만 중요하게 보시는 지도

자이셨다면 베드로는 예선 탈락이다. 밤새 애를 써도 고기 한 마리 잡지 못한 실패한 자였기 때문이다.

그런데 예수님의 초점은 그가 얼마나 성공했나, 얼마나 많은 고기를 잡았나에 있지 않았다. 그 힘든 실패의 자리, 그럼에도 불구하고 끝까지 그 자리를 벗어나지 않고 자기에게 주어진 일에 최선을 다하는 그 모습이 예수님의 눈에 들어온 것이다.

세상의 지도자는 꿩 잡는 게 매라고 한다.

'네가 무슨 짓을 했던지 난 상관하지 않는다. 고기만 잡아와라. 심지어 남의 배에서 훔쳐서라도 네 배만 고기로 채운다면 너는 유명한 사람이다.'

세상은 이런 가치관으로 우리를 대하지만, 예수님은 그런 분이 아니시다. 우리 예수님은 결과를 가지고 탓하는 분이 아니시다. 나는 우리 모두가 베드로처럼 삶의 현장에서, 그곳이 성공하는 자리인지 그렇지 않은 자리인지 상관없이 자기에게 주어진 자리에서 최선을 다하다가 부름 받는 놀라운 복을 받게 되기를 바란다.

이왕 나쁜 짓을 하려면 최선을 다해서?

베드로보다 더 놀라운 경우가 세리 마태이다. 예수님은 그를 어디서 부르셨는가?

예수께서 그 곳을 떠나 지나가시다가 마태라 하는 사람이 세관에 앉아 있는 것을 이건 사실 난센스다. 마태는 자기에게 주어진 일을 열심히 하면 할수록 악이다. 그 당시 세리는 자기 동족을 착취하는 게 일이었다. 그래서 일을 열심히 하면 오히려 안 될 것 같다. 그런데 예수님은 그것이 비록 자기 동족들을 착취하는 일이라 할지라도 자기에게 맡겨진 일에 최선을 다하는 사람을 뽑으셨다. 이제 헷갈리기 시작한다. 굉장히 혼란이 온다.

이 혼란의 극치는 바울을 부르시는 예수님에게서 나타난다. 바울은 부르면 안 되는 인간이었다. 바울은 예수 믿는 사람들을 잡아 죽이는 사람이었다. 예수님이 일하시는 것이 참 이상하다. 아니, 그 당시에 잘 준비된 사람들이 얼마나 많았는가? 그런 사람들을 불러서 준비된 그대로 쓰시면 되는데, 뭐 하러 이런 못된 놈을 선택해서서 부르시는 것에서부터 다듬어서 쓰시기까지 그 복잡한 과정을 거치시는가? 다메섹으로 가는 도중에 큰 에너지 들여서 빛을 내리시고, 눈멀게 하시고, 꼬꾸라지니 사람까지 보내시는 등 이 복잡한 조치를 취하신 것일까?

'예수님은 왜 바울을 쓰셨을까?'

이 부분을 생각할 때마다 이것이 늘 의문이었다. 그런데 바울을 보니 사람 핍박하는 일이 자기가 해야 할 일이면 목숨 걸고 핍박했다. 그런 바울을 보면서 혹시 예수님이 이런 생각을 하신 것은 아닐까?

'저 사람이 지금 비록 판단을 잘못해서 잘못된 길을 가고 있지만, 저 정도 열심이라면 바르게 가르치고 교정해주면 하나님나라를 위해 멋지게 쓰일 수 있는 사람이다.'

나는 그런 기준이셨을 거라고 생각한다. 이런 관점이라면, 우리가 결과를 아는 것처럼 대박 아닌가? 바울이라는 대박이 터졌다. 나는 기왕 하나님 앞에 부름 받아 이 자리에 섰다면 무기력증에 빠져 있는 자들이 없기를 바란다.

하나님 앞에 한 번 부름을 받아서 쓰임 받고 싶다면 주어진 일에, 삶의 현장에 최선을 다해야 한다. 그것이 목회하는 일이면 목회하다가 죽을 사람처럼, 의사면 환자 치료하다가 죽을 사람처럼, 교사면 아이들을 가르치다가 교단에서 쓰러질 사람처럼 현장에서 최선을 다하는 사람을 하나님이 기쁘게 보신다는 것이다.

크든 작든, 맡겨진 일에 충성한 자

이런 맥락에서 보면 본문의 다윗도 마찬가지다. 《워렌 위어스비의 시편 산책》이란 책에 보면, '양의 우리'에 대해 이렇게 해석한다. '양의 우리'는 비천하고 낮은 곳을 의미한다는 것이다. 이것을 보면 하나님께서는 직업의 귀천을 보시는 분이 아님을 알 수 있다. 우리가 뭐 놀랍고 대단한 일을 해서 관심을 가지시는 것이 아니다.

하나님이 보시기에 성도들이 많이 모이는 큰 교회에서 설교하는 목사가 귀하겠는가? 아니면 시골에서 스무 명도 안 되는 사람들을 데리고 30년 동안 목회하는 목사가 귀하겠는가? 정답은 둘 중 자기 자리에서 열심을 다하는 사람이다. 작은 시골 교회든 도시의 큰 교회든, 맡겨진 그 자리에 얼마나 최선을 다하는가, 이것이 중요하다. 직업이 무엇이든 그건 별로 중요하지 않다. 핑계대지 않고 내게 맡겨진 일에 최선을 다하는 것, 그것이 중요하다.

달란트 비유가 가르치고 있는 포인트가 그것이다. 마태복음 25장을 보면 주님은 다섯 달란트와 두 달란트 맡긴 사람은 칭찬하시고, 한 달란트 맡긴 사람은 책망하신다. 그런데 포인트가 무엇인가? 많이 남긴 것을 칭찬하시는가? 그렇지 않다. 다섯 달란트, 두 달란트 받은 사람에게 공통적으로 하신 이야기가 이것이었다.

그 주인이 이르되 잘하였도다 착하고 충성된 종아 네가 적은 일에 충성하였으매 내가 많은 것을 네게 맡기리니 네 주인의 즐거움에 참여할지어다 마 25:21

소출을 많이 남겼기 때문에 칭찬하는 것이 아니라 그 맡겨진 것을 가지고 최선을 다했기 때문에 칭찬한다는 것이다. 한 달란트 받은 사람은 왜 나무라시는가? 소출이 없어서가 아니다.

그 주인이 대답하여 이르되 악하고 게으른 종아 나는 심지 않은 데서 거두고 헤치지 않은 데서 모으는 줄로 네가 알았느냐 마 25:26

주인은 지금 한 달란트를 가지고 또 다른 한 달란트를 만들지 않았기 때문에 야단친 게 아니다. 이런 상상을 해본다. 한 달란트 받은 사람이 그걸 가지고 뭘 해보려다가 돈을 다 날렸다고 치자. 그랬다면 어땠을까? 예수님은 책망하셨을까? 그렇지 않다. 중심의 문제이다.

내 머릿속에는 "이 악하고 게으른 종아"라는 이 구절이 항상 입력되어 있다. 주님이 내게 주시는 경구로 생각한다. 나는 그렇게 악한 사람은 아니다. 엿새 동안 못된 짓하고 돌아다니고, 사람 두들겨 패고, 강도짓 하면서 살지 않는다. 우리 중에 그런 사람은 없을 것이다.

그런데 알아야 할 것은 주님은 악한 것과 게으른 것을 동격으로 취급하고 계시다는 사실이다. 내가 무슨 교회 공금을 훔치고, 파렴치한 짓을 해서 하나님께 추궁 듣는 것이 아니다. 목사로서 목양(牧羊)에 최선을 다하지 않으면 그게 악한 것이다.

오늘 본문에서처럼 양의 우리, 즉 삶의 현장에서 그를 뽑아 선택하시는 하나님의 주권에 우리가 순종해야 한다면, 하나님 앞에서 진정한 예배자는 내게 주어진 일상생활 속에서 최선을 다하는 인생이다. 그렇게 다윗은 사역의 현장에서 최선을 다했기 때문에 하나님께서 불러주셨다.

하나님의 부르심, 멋진 응답
이제 후반부는 그 부름 받은 다윗의 응답이다. 우리가 주목해야 하는 것은 하나님의 부르심에 반응하는 다윗의 태도다. 그는 72절에서 이렇게 반응한다.

> 이에 그가 그들을 자기 마음의 완전함으로 기르고 그의 손의 능숙함으로 그들을 지도하였도다 시 78:72

접속사 '이에'는 굉장히 의미가 있는 단어다. '이에'가 무엇을 의미할까?

이미 나눈 것처럼 본문의 전반부는 하나님이 일하시는 것이다. 하나님이 뽑으셨고 그에게 사명을 주셨다. 후반부는 거기에 대한 인간의 반응이다. 이 연결고리가 바로 '이에'이다!

세상은 악하다. 세상에 참 일꾼이 없다고 이야기한다. 신실한 그리스도인들이 다 숨어 있다고 이야기한다. 위기를 만났다. 거기에 하나님은 우리를 구원투수로 불러주셨다. 하나님이 불러주실 때, 다윗이 그랬던 것처럼 '이에'라는 접속사를 하나님께 올려드릴 수 있는 우리가 되기를 바란다.

다윗은 '이에'로 하나님의 부르심에 멋지게 응답했다. 과연 다윗은 어떤 준비가 잘 되어 있었기에 그렇게 하나님의 부르심에 잘 응답하여 멋지게 쓰임받을 수 있었을까?

나는 다윗이 어떤 점에서 준비가 잘 되었는지 세 가지로 점검해보았다.

성실한 마음자세

첫째는, 성실한 마음 자세이다. 72절을 보자.

"이에 그가 그들을 자기 마음에 완전함으로 기르고."

예전에 사용하던 개역한글성경에는 이렇게 되어 있다.

"이에 저가 그 마음에 성실함으로 기르고."

쉬운성경은 이 부분을 "순전한 마음"으로, 공동번역은 "다윗은 이 백성을 한 마음으로 보살피며"라고 번역했다. 다 같은 줄기지만 약간씩 뉘앙스가 다르다. 종합해보니 이렇게 해석된다. 다윗은 한결같은 마음과 성실한 마음을 가지고 있었다는 것이다.

야고보서 4장 8절에 이런 말씀이 있다.

하나님을 가까이하라 그리하면 너희를 가까이하시리라 죄인들아 손을 깨끗이 하라 두 마음을 품은 자들아 마음을 성결하게 하라 약 4:8

여기서 우리는 놀라운 교훈을 얻을 수 있다. 우리는 하나님 앞으로 가까이 가기를 원한다. 그런데 두 마음을 품은 자들은 하나님께 갈 수가 없다. 두 마음을 품은 자는 진정한 예배자가 될 수 없다. 한 마음을 가진, 오직 하나님을 향한 성실한 마음을 가진 사람만이 하나님 앞에 갈 수 있다는 것이다. 다윗은 한 마음을 가지고 하나님 앞에 나아갔다.

나는 역대상 12장 33절을 보면서 하나님이 왜 다윗을 뽑아서 이스라엘의 왕으로 삼으셨는지를 알게 되었다.

> 스불론 중에서 모든 무기를 가지고 전열을 갖추고 두 마음을 품지 아니하고 능히 진영에 나아가서 싸움을 잘하는 자가 오만 명이요 대상 12:33

다윗의 용사들을 설명하는데 '두 마음을 품지 않은 병사들'이라고 묘사한다. 이 마음은 어디에서 기인한 마음인가? 그 출발점이 어디인가? 바로 지도자인 다윗이 두 마음을 품지 않았다. 다윗이 두 마음을 품지 않고 하나님 앞에 정결하게 나가니 그의 군사들이 두 마음을 품지 않은 군사가 되더라는 것이다.

이런 점에서 우리 가정을 돌아보아야 한다. 우리 부모들, 특히 아버지 된 가장들이 가정을 위해서 얼마나 애쓰는가? 하지만 그러면서도 우리 아이들에게 비교육적인 모습을 또 얼마나 보여주는가? 말로 바르게 살라고 훈계하지만, 아이들은 우리가 말로 하는 훈계에 귀 기울이지 않고 우리의 행동을 보고 따라한다. 우리가 두 마음을 품으면 아이들도 두 마음을 품는다. 우리가 슬쩍슬쩍 거짓말하면 아이들도 그대로 닮는다. 별다른 훈계 같은 것 안 해도 내가 한마음으로 하나님 앞에 정결하게 살면 아이들은 금세 닮는다는 것이다.

나는 교회를 목회하는 입장에서 이런 본문을 읽을 때마다 얼마나 두려운지 모른다. 내가 천사의 입을 가지고 설교하는 것보다 하나님 앞에서 정결한 마음, 순전한 마음을 가지고 있으면 그것이 교회에 흘러넘치는 것을 나 자신이 느낀다. 그러니 교회가 어려움을 겪는다든지 분열이 생기면 내가 누구를 탓하겠는가? 전부 다 지도자인 내 탓이다.

두 마음을 품지 않은 지도자 다윗의 모습을 그 병사들이 닮아갔던 것처럼 두 마음을 품지 않은 우리 부모의 모습을 자녀들이 닮아가는 우리 가정들이 다 되기를 바란다. 또한 교회의 지도자가 하나님 앞에서 거룩한 신부로, 순결한 마음으로 살아가려고 몸부림칠 때 그 교회가 정결하고 순결한 성도들이 모인 교회가 되기를 바란다.

노력을 통한 실력 배양

그런가 하면 둘째로, 다윗은 노력을 통한 실력을 갖추고 있었다.

> 이에 그가 … 그 손의 능숙함으로 그들을 지도하였도다 시 78:72

다윗은 마음만 깨끗한 무능한 사람이 아니었다. 손의 능숙함이 있었다. 골리앗을 무찌를 때를 한번 보자. 성경에 보면 다윗을 '여덟 명 중 말째'라고 표현한다(개역한글성경 삼상 16:11 참조). 히브리어 원어로 '말째'는 '막내아들'이란 뜻으로도 해석되지만 '좀 빠지는 아이, 모자라는 아이'라고도 해석할 수 있다. 영어로 보면, '말째'는 'youngest'(가장 어린 자)라고 표현하기보다는 'smallest'(가장 작은 자)로 표현하는 것에 더 가깝다. 아버지 이새도 그것을 알기 때문에 사무엘 선지자 앞에 내놓지 않았던 것이다.

그렇다면 이렇게 빠지는 아이가 어떻게 거인 장수 골리앗을 무찔러 위기에 처한 나라를 건져낼 수 있었는가? 바로 손의 공교함 때문이었다. 훈련으로, 연습으로 이루어진 손의 능숙함 덕분이다. 삶의 현장에서 양들을 지키기 위해 수없이 노력하던 과정에서, 끊임없이 물맷돌을 돌리며 짐승을 쫓았던 과정에서 손의 능숙함이 주어진 것이다.

나는 예수 믿는 사람들이 마음의 성실함이 있어야 된다고 생각한다. 예수 믿는 사람들의 마음이 순전하고, 깨끗하고, 순결해야 된다고 생각한다. 그러나 또 다른 한편으로는 손의 능숙함이 있어야 한다. 지금 스스로를 돌아보라. 우리 손에는 무슨 물맷돌이 들려 있는가?

내가 항상 가는 치과가 있다. 그 치과 의사 원장님은 우리 교회에서 순장으로 섬기는 성도이신데, 얼마나 신실한 그리스도인지 모른다. 예배시간에 보면 항상 신실하게 예배드리고, 바쁜 일정을 쪼개 주일학교 교사로, 성가대로 봉사하고, 며칠 안 되는 휴가를 내서 몽골로 선교여행을 가는 그런 분이다.

그런데 내가 그 치과를 다니는 이유가 그런 성실한 모습 때문일까? 천만의 말씀이다. 만일 그 분이 하나님 앞에 신실하고, 병원에 가면 만날 성경책이 펼쳐 있고, 찬양이 울려 나온다 할지라도 실력이 없으면 그 병원에 안 간다. 어떻게 그런 분에게 나의 소중한 치아를 맡길 수 있겠는가?

그런데 이분은 마음의 성실함만 있는 게 아니라 실력이 탁월하다. 그래서 잇몸이 붓거나 문제가 생겼을 때, 병원에 가서 딱 눕는 순간 안도가 된다.

'이제 살았다, 이분이 고쳐낼 것이다.'

거기 누워서 몇 번 이런 상상을 해봤다.

'아니, 이분은 내가 육신적으로 문제를 만나면 이렇게 고쳐내는데, 나는 영적인 의사로서 문제를 가진 사람이 예배를 드릴 때 그 영혼을 치료하는 일을 하고 있는가?'

그 대목에 이르면 나는 혹시 영적으로 돌팔이 의사 같은 목사는 아닌지 두려움이 생긴다.

우리 교회에 신실한 의사 분들, 교수님들, 여러 가게와 사업을 하고 계시는 신실한 그리스도인들이 많다. 그러나 마음만 순결하고 정결해서는 안 된다. 수없는 노력을 통해 손의 공교함이 있어야 한다. 우리 교회의 어떤 한의사 분은 분당에서 소문난 분이다. 그 병원에 예약하면 1년 뒤에야 자기 차례가 돌아온다. 그 분과 대화를 하는데 그 분이 이런 말을 했다.

"목사님, 제가 이러다가 심장병으로 죽는 거 아닌가 하는 두려움이 있어요."

병원 문을 9시에 열었다가 환자가 너무 많이 와서 8시 반에 열었다가, 8시에 열었다가 이제는 7시에 문을 연다고 한다. 그 분이 신실하고 마음이 순결해서 환자들이 찾아가는가? 아니다. 물론 기본 바탕에 그런 마음이 깔려 있겠지만, 기술적으로 손의 능숙함이 있기 때문이다. 그리고 그 손의 능숙함은 애쓰고 수고하는 몸부림 속에서, 노력 속에서 이뤄지는 것이다.

이십 대 초반에 전 세계적으로 골프계를 뒤흔든 신지애 선수는 독실한 크리스천으로 알려져 있다. 알고 보니, 시골의 개척교회 목사님의 딸이다. 더군다나 열다섯 살 중학교 시절에 엄마가 교통사고로 돌아가셨다. 동생은 중상을 당해 병원생활을 1년 넘게 했다. 가족들이 짐은 창고 같은 곳에 넣어두고 아예 병원에서 생활했다. 그런 불편한 상황에서도 이 어린아이가 마음에 꿈을 가지고 준비하며 그렇게 환경을 잘 극복했다.

몇 년 전 신지애 선수가 인터뷰하는 장면을 보았는데, 참 인상적으로 다가왔다. 사회자가 이렇게 물었다.

"그렇게 탁월한 실력은 타고난 겁니까, 아니면 노력해서 생긴 겁니까?"

그랬더니 신지애 선수가 사회자의 말이 끝나기도 전에 "노력이지요!"라고 대답했다. 인터넷 사이트에서 신지애 선수의 손 사진을 보았는데, 얼마나 노력하고 노력했는지 20대 여성의 손이 아니었다. 이렇게까지 노력했기 때문에 사회자의 질문이 채 끝나기도 전에 "노력이지요!"라는 대답이 튀어나오는 것이다.

개척교회 목사님이셨던 아버지의 월급은 한 달에 80만원이었다고 한다. 서울에서 진행되는 시합에 나가면 숙박비 2,3만원을 아끼기 위해 새벽 2시에 일어나서 기차 타고 시합장으로 바로 갔다고 한다. 이런 열악한 환경에서 세계를 재패할 수 있었던 것은 바로 손의 공교함이다. 다윗의 손에 물맷돌이 들려 있었듯이, 신지애 선수의 손에는 골프채가 들려 있었던 것이다.

또 많은 크리스천들이 자랑스러워하는 선수 중에 장미란 선수가 있다. 그 마음의 성실함이 얼마나 대단한지, 중학교 때부터 사람들을 모아 큐티 모임을 할 정도였다. 그런데 만일 장미란 선수가 마음의 성실함만 강조하며 선수촌에서 만날 성경공부만 하고 남들 연습할 때 "할렐루야, 아멘" 하면서 기도만 하고 연습을 안 했다면 예선 탈락이다. 장미란 선수가 장미란 선수로 화려한 명성을 얻을 수 있었던 것은 그가 마음의 성실함을 가지고 하나님 앞에 열심히 기도하고 준비했지만, 동시에 그 누구보다 열심히 바벨을 들고 최선을 다했기 때문이다. 장미란 선수의 손 역시 신지애 선수의 손과 마찬가지로 마디마디가 온통 굳은살이다.

젊은 여자 선수들이 은혜를 받고 하나님의 영광을 위해, 그 손의 능숙함을 위해 곱고 아름다운 손을 포기하고 그렇게 최선을 다하는 모습을 보며 오늘 우리 예수 믿는 사람들은 분발해야 한다.

하나님은 화려한 것을 원하지 않으신다. 작은 개척 교회든, 큰 교회든 하나님 앞에선 의미 없는 숫자일 뿐이다. 하나님은 자기에게 맡겨진 일에 노력하고 최선을 다하는 다윗 같은 인물을 사용하신다. 나는 은혜 받은 사람만 누릴 수 있는 이런 부지런함이 우리 한국교회 모든 성도들의 덕목이 되기를 바란다.

치우치지 않는 균형 감각

셋째로, 다윗이 가지고 있었던 중요한 것은 뛰어난 균형 감각이다.

'마음의 완전함'과 '손의 능숙함'은 너무나 귀한 것이다. 그러나 다윗이 다윗 될 수 있었던 것은 이 두 가지의 균형, 즉 치우치지 않는 균형 감각이 있었기 때문이다. 성경이 균형을 얼마나 강조하는가?

성경은 "좌로나 우로나 치우치지 말라"(수 23:6)라고 했다. 또 "비둘기같이 순결하라"고 가르치신 예수님은 "뱀같이 지혜로우라"(마 10:16 참조)고도 가르치신다. 예수 믿는 사람이 비둘기처럼 온유하고 순결한 것만 강조하고 노력하지 않아 세상에서 무능하면 안 된다. 균형을 갖춰야 한다. 비둘기처럼 순결하면 세상의 어떤 악한 것들보다 지혜로워야 한다.

예배에도 균형이 필요하다

이렇게 좌로나 우로나 치우치지 않는 균형 감각이 중요한데, 나는 이것을 목회와 예배에 적용하고 싶다. 예배에도 균형이 필요하다. 예배의 첫 번째 균형은 의전(儀典)이다. 예식, 곧 오랜 전통으로 예배가 추구해온 절차 말이다. 예배에 규모가 없고 질서가 없으면 안 된다.

그런가 하면 예배의 또 다른 균형은, 신령과 진정으로 드려지는 마음이다. 성경에는 '예배를 이런 방식으로 드려라' 하는 지침이 단 한 군데도 없다. 사도신경을 하고, 장로가 대표기도를 하라는 절차적인 요구가 하나도 없다. 그 대신 신령과 진정으로, 마음을 다해 예배를 드리라고 가르친다. 이렇듯 우리가 가진 의전은 예배를 신령과 진정으로 드리도록 하기 위한 배려이다.

그런데 그 형식만 남아서는 예배를 신령과 진정으로 드릴 수가 없다. 8년 전, 안식년을 마치고 교회에 복귀하여 가장 먼저 느낀 것이 의전에 너무 익숙해지다 보니 예배가 형식적으로 드려지는 것 같았다. 예배가 굉장히 습관화 된 것처럼 느껴졌다. 그것을 깨뜨리고 싶어서 석 달을 기도하고 준비했다. 그리고 순서와 방식에 이런 저런 변화를 주었다.

사실 이것은 내가 청소년사역을 할 때 썼던 방법이다. 맨 처음 사랑의교회 고3 부서로 부임했는데, 선배 목사님들이 나에게 조의를 표했다. 왜 그러냐 했더니 전임이 탁월한 분이셨다. 서울대 법대를 나오고 설교를 얼마나 잘하셨는지 '황금의 입'이라는 별명을 가진 달변가셨다. 설교로 학생들을 뒤집어놓는 분이었다.

전임 목사님이 너무 탁월하면 후임이 고생하는 것은 만고불변의 법칙 아닌가? 더군다나 후임자였던 나는 '황금의 입'은커녕 걸핏하면 떠듬거리기 일쑤였던 초보 중의 초보였으니, 모두들 나를 안쓰러워했다.

이렇게 두려워하며 고3 부서에 부임했는데, 부임하고 보니 아이들이 수험생이다 보니 졸고 있는 학생들이 너무 많았다. 아무리 '황금의 입'이라 해도 조는 아이들 앞에서는 장사가 없지 않은가? 학생 중에 한 3분의 1은 노골적으로 졸았다. 기술적으로 몰래 조는 것도 아니고 고개가 막 끄덕끄덕 거리도록 졸았다. 밤에 두세 시간 자고는 따뜻한 곳에 들어와 앉았으니 얼마나 졸리겠는가? 졸리는 게 당연했다. 한 3분의 1은 졸지 않았다. 이미 깊이 잠들었기 때문에 졸 수가 없었다. 3분의 1 정도만이 설교를 들었다.

이래선 안 되겠다 싶어 욕먹을 각오를 하고 예배를 다 갈아엎었다. 전도사 때였으니 축도를 못해서 예배는 항상 주기도문으로 마쳤는데, 어느 날은 예배를 시작하면서 뜬금없이 "주기도문을 드림으로 예배를 시작하겠습니다"라고 선포했다.

앞에서 나를 도와주는 아이는 내가 또 실수한 줄 알고 "전도사님, 사도신경, 사도신경!" 이렇게 외치며 주기도문을 사도신경으로 수정하라고 애타는 손짓을 하기도 했다. 그러나 다 의도를 가지고 한 일이다. 매번 똑같은 패턴으로 예배를 드리니 아이들이 마음을 담지 않고 기계적으로 반응하는 것을 고치기 위해서였다.

어느 날은 선생님의 대표기도로 예배를 시작하기도 하고, 광고를 먼저 넣기도 했다. 어떤 때는 설교를 5분 하기도 하고, 또 50분 설교를 한 적도 있다. 시험 기간에는 줄곧 아이들을 일으켜 세워 예배를 드리기도 하고, 어느 날에는 찬양을 오래 드리기도 했다. 이렇게 하니 조는 아이들이 점점 줄어들었다. 그때 내가 노린 게 무엇인가? 의전도 중요하지만 아이들이 다 졸고 있는데 의전이 무슨 소용이냔 말이다.

나는 우리 교회가 오랜 기독교 역사로 내려온 의전을 무시하는 교회가 아니길 바란다. 그러나 이런 역사를 지키느라 마음이 담기지 않은 예배를 드리는 것은 더 원치 않는다. 하나님은 우리에게 절차를 요구하시는 게 아니라 마음을 원하신다.

예배도 훈련이 필요하다

이런 의미에서 우리는 노력해야 한다. 나는 예배에 지각하는 것을 참 나쁜 일이라고 생각한다. 하나님을 만나러 오는 귀한 시간을 그렇게 무성의하게 드리면 안 된다고 생각하기 때문이다. 그런데 내 마음에 지각보다 더 나쁜 것이 있는데, 아무런 기대감 없이 예배에 참여하는 것이다. 그러면 안 된다.

살아 계신 하나님을 만나는 예배는 늘 기대감으로 충만해야 한다. 나 같은 죄인이 감히 하나님께 영광을 돌리는 일도 가슴 떨리는 일이고, 그 하나님께서 오늘 내게 어떤 은혜로 새 힘을 공급해주실지를 기대하는 일도 놀라운 일이다. 이 기대감을 가지고 예배에 임해야 한다. 그리고 수동적인 자세를 버리고 적극적으로 예배에 동참해야 한다. 나는 예배가 축제가 되기를 바란다. 기쁨이 넘치는 예배가 되어야 한다.

그런데 이런 일들이 구현되기 위해 한 가지 기억해야 할 것이 있다. 예배자는 태어나는 것이 아니라 만들어진다는 사실이다. 그러므로 좋은 예배자가 되기 위해 애쓰고 노력하는 훈련이 필요하다. 신령과 진정으로 예배하기 위해 마음을 담아 훈련하다 보면 점점 더 좋은 예배자가 되어가는 것이다.

말씀사역과 성령사역의 균형

그런가 하면 균형과 관련하여 영적인 방향도 균형을 잘 잡아야 한다. 사실 분당우리교회는 말씀 사역이 강한 교회다. 개척 때부터 제자훈련과 큐티, 성경공부가 무르익었다. 그러나 균형을 잘 잡아야 한다. 말씀 사역이 잘 이루어지려면 성령님의 일하심을 사모하는 사역도 함께 이루어져야 한다. 말씀 사역이 흥왕해지기 위해서는 성령 사역이 균형을 이루어야 한다는 것이다. 예수님의 인격을 닮은 성숙한 교회로 거듭나려면 말씀 사역과 성령 사역이 균형을 이루어야 한다.

예배의 순서 몇 개 바꾸고 갱신됐다는 낯간지러운 이야기 하지 말고, 모두가 다 하나님 앞에 진정한 예배자로 거듭나기를 바란다. 예배의 기쁨을 누리기를 바란다. 예배의 은혜를 누리고 찬양의 기쁨을 누리기를 바란다. 의도적으로 하나님을 예배하고 찬양하는 가운데 우리 감정을 다스리시는 하나님을 경험하는 예배가 되기를 바란다. 무엇보다도 균형을 갖춘 예배자가 되기를 간절히 축복한다.

로마서 1장 15~17절

그러므로 나는 할 수 있는 대로 로마에 있는 너희에게도 복음 전하기를 원하노라 내가
복음을 부끄러워하지 아니하노니 이 복음은 모든 믿는 자에게 구원을 주시는 하나님의
능력이 됨이라 먼저는 유대인에게요 그리고 헬라인에게로다 복음에는 하나님의 의가
나타나서 믿음으로 믿음에 이르게 하나니 기록된 바 오직 의인은 믿음으로 말미암아 살
리라 함과 같으니라

06
끊임없이
복음을 들으라

복음과 치유

한 교회를 담임하고 있는 목사로서 성도들의 이런 저런 어려운 소식들이 전해질 때마다 마음이 아프다. 가지 많은 나무에 바람 잘 날 없다고, 성도들이 많다 보니 이런 저런 가슴 아픈 소식이 끊임없이 들려온다.

젊은 청년이 취업이 되지 않아 어려움을 겪고 있다는 소식, 가장인 어느 성도가 실직을 당해 가정에 큰 어려움에 있다는 소식, 갑자기 어느 성도가 중병에 걸려 고통 중에 있다는 소식 등 가슴 아픈 소식들이 끊임없이 들려지는 게 담임목사의 자리인 것 같다. 그런 소식을 들을 때마다 "하나님, 은혜 주시기를 원합니다"라고 부르짖는 것 말고는 해드릴 것이 없어서 또 마음이 힘든 것이 담임목사의 자리이다.

이런 성도들의 아픈 소식이 전해지는 것도 마음이 힘들고 무겁지만, 마음에 더 부담을 갖고 있는 것이 있다. 이제 분당우리교회가 개척한 지 15년을 지나고 있는데, 그러다 보니 혹시 이 교회가 초심을 잃고 굳어져버리면 어떻게 하나 하는 것이다. 이것이 늘 노심초사 내 마음에 부담이 된다.

간혹 성도들 중에, 처음 이 교회에 나와 첫 예배를 드릴 때 눈물을 펑펑 쏟으며 첫사랑을 회복했노라고 그렇게 기뻐하며 감사했는데, 시간이 지나면서 그 사랑과 감격이 무뎌지고 식어져버렸다고 자책하는 소리를 들을 때가 있다. 그래서 이 두 가지를 놓고 기도할 때가 많다. 담임목사로서 간절히 기도한다.

"하나님, 우리 교회를 살려주세요. 시간 지나면 저절로 식어버리고 변질되기 쉬운 것이 지상교회입니다. 더군다나 생활의 어려움으로 분주하다 보면 영적으로 무뎌지기 쉬운데, 오히려 복음으로 그들의 현실적 어려움이 치유되는 역사를 허락해주시기 원합니다. 힘들고 어려운 성도들마다 복음의 능력을 맛보게 해주세요."

담임목사로서 이런 기도를 드리게 되는데, 이런 기도를 드리다 보면 머릿속에 '복음'과 '치유'라는 두 단어가 맴도는 것을 경험한다. 그래서 '복음과 치유'라는 이 뗄 수 없는 두 상관관계가 우리 교회 안에 많이 일어나게 해달라고 부르짖게 되는 것이다.

복음의 대상자

이런 마음으로 계속 기도하며 말씀을 준비하는데, 어느 날 새벽에 갑자기 로마서를 읽고 싶은 마음이 불일 듯 생겼다. 그래서 그 새벽에 마치 갈증을 느끼는 어린아이처럼 로마서를 찾아 읽는데, 그 말씀이 꿀 송이처럼 달았다. 그야말로 시편 119편 103절 말씀 그대로였다.

주의 말씀의 맛이 내게 어찌 그리 단지요 내 입에 꿀보다 더 다니이다 시 119:103

그 새벽에 그렇게 로마서를 읽는데, 가슴이 너무 벅찼다. 그리고 익히 알고 있었고 또 설교도 했던 1장 15절 말씀이 내 마음에 확 와 닿았다.

그러므로 나는 할 수 있는 대로 로마에 있는 너희에게도 복음 전하기를 원하노라 롬 1:15

지금 바울은 로마에 있던 어떤 대상에게 복음 전하기를 갈망하는데, 그 '너희'는 누구인가? 8절을 보면 알 수 있다.

먼저 내가 예수 그리스도로 말미암아 너희 모든 사람에 관하여 내 하나님께 감사함은 너희 믿음이 온 세상에 전파됨이로다 롬 1:8

복음은 예수 안 믿는 사람에게 전하는 것이라는 선입견을 가지기 쉬운 법인데, 지금 바울은 이미 믿음 좋다고 소문이 자자한 사람들에게 복음 전하기를 원한다는 것이다. 이런 점에서 바울이 이미 믿음 좋기로 소문난 로마의 성도들에게 복음 전하기를 갈망하는 모습이 나에게 큰 도전이 되었다. 바울은 왜 이미 믿음 좋기로 소문난 로마의 성도들에게 이토록 복음 전하기를 갈망했는가? 나는 이 문제를 가지고 묵상하다 두 가지 답을 찾았다.

복음을 늘 듣지 않으면 변질된다

첫째, 바울이 이미 예수 잘 믿는다는 소문이 나 있는 로마교회 성도들에게 복음 전하기를 원했던 이유는, 이미 복음으로 구원받은 사람이라 할지라도 계속해서 복음이 들려지지 않으면 변질되기 때문이다.

학자들에 의하면 로마서는 바울이 갈라디아서와 고린도전서, 고린도후서를 쓴 이후에 썼던 편지라고 한다. 가슴 아픈 것은 바울이 로마서를 기록할 당시, 그렇게 순수했던 갈라디아교회와 고린도교회가 변질되기 시작했다는 소문이 바울에게 들려오던 때였다는 것이다.

어떻게 변질되었는가? 갈라디아교회는 교회 안에 율법주의자들이 침투해 들어와 십자가도 의지해야 하지만 율법도 의지해야 된다, 십자가로 구원 받는 것이지만 할례도 받아야 구원을 받는다고 주장했다. 이런 잘못된 복음이 갈라디아교회 안에 전해지면서 성도들이 영향 받기 시작했다.

그런가 하면 고린도교회는 은사주의로 인해 교회 안에 문제가 생겼다. 그들은 자기가 체험했거나 갖고 있는 은사만이 최고라는 교만 때문에 늘 남을 정죄했고, 그것 때문에 분파가 생겼다. 성도들이 바울 파, 예수 파, 아볼로 파, 게바 파 등으로 나뉘어 서로 다투고 있었다. 교회를 개척한 바울의 입장에서는 얼마나 마음 아픈 소식인가?

그런데 불행히도 로마교회 안에도 율법주의자들로 인해 교회가 혼란을 겪기 시작했다. 즉, 로마교회가 한편으로는 예수 잘 믿는다는 믿음의 소문이 퍼져 나가면서 또 다른 한편으로는 변질될 조짐이 보이는 양상 속에서 바울이 쓴 편지가 로마서이다.

좋은 교회라는 평판 vs. 죽은 교회라는 예수님의 진단

나는 학자들의 이런 주장을 보면서 사데교회가 생각났다. 요한계시록 3장 1절을 말씀을 보자.

사데교회의 사자에게 편지하라 하나님의 일곱 영과 일곱 별을 가지신 이가 이르시되 내가 네 행위를 아노니 네가 살았다 하는 이름은 가졌으나 죽은 자로다

계 3:1

내가 어느 교회에 대해 이런 평가를 했다면 "알지도 못하면서 교회를 그렇게 평가하느냐?"라고 하겠지만, 지금 이 평가를 하신 분은 주님이시다. 참으로 심각한 말씀 아닌가?

나는 특히 "네가 살았다 하는 이름은 가졌으나"라는 부분을 여러 번역본으로 찾아보았다. NIV성경을 비롯한 많은 성경들이 이 부분을 'reputation'(평판, 명성)이란 단어로 번역하고 있다. 무엇을 말하는 것인가? 그 당시 사데교회는 주변 사람들에게서는 '살아 있는 교회'라는 명성이 자자하던, 좋은 교회라고 인정받던 그런 교회였다는 것이다. 이처럼 사람들에게서는 좋은 교회라는 명성을 얻고 있던 사데교회였지만, 주님은 그 교회를 향해 '죽은 교회다'라는 극단적인 평가를 내리고 계신 것이다.

이 대목에 이르자니 내가 심각해질 수밖에 없다. 좋은 소문은 과거에 일어났던 것으로 생기는 것이다. '분당우리교회가 5년 전에, 3년 전에 무슨 일을 했다더라' 하는 것을 바탕으로 나는 것이 좋은 소문이다. 그런데 예수님의 평가는 지금 우리의 모습을 보고 내리시는 것이다. 정말 두려운 일 아닌가? 사데교회가 그랬듯이, 오늘날 "그 교회 좋은 교회야"라는 평가를 받을 수는 있지만, 그것이 지금 살아 있는 교회임을 말해주는 것은 아니란 말이다. 아무리 좋은 소문이 나 있어도 주님은 그 교회가 죽은 교회라고 책망하실 수 있다. 이것이 내 마음에 두려움을 준다.

그리고 생각해보면 정말 가슴이 아프다. 한국교회가 한때는 천만 성도라느니, 천이백만 성도라느니 하면서 허세를 부렸다. 그런데 어떻게 하다가 지금 이 지경이 되었는가? 어쩌다가 덩치만 크고 허약한 비만증 환자 같은 모양을 갖게 되었는가 말이다. 본문의 바울의 정신을 가지고 조명해보면 대답은 간단하다. 한국교회와 성도들이 교만해진 것이다. 교만해져서 복음을 갈망하는 마음이 약해져버렸다. 복음의 정신이 계속 흘러들어가지 않으니 변질될 수밖에 없는 것이다.

교만이란 고질병

오늘날 이 땅의 지상교회가 복음을 듣지 못해 얻게 된 고질병이 몇 가지 있다. 그중 하나는 '교만'이라는 병이다.

오늘날 이 무서운 '교만'이란 병이 얼마나 교회를 앓게 만들고 있는가? 분쟁을 일으키는 교회는 말할 것도 없고, 멀쩡한 교회라 하더라도 한 꺼풀만 들춰보면 비판, 비난, 정죄, 손가락질이 많다. 아니, 왜 교회 안에 이렇게 비판과 비난이 많아졌는가? 교만해서 그렇다. 우리가 남을 왜 비판하는가? 나는 섰다는 생각에, 나는 기준이 분명하다는 생각에 그 기준으로 보자니 '저것은 틀렸어. 교회가 이게 뭐야? 권사가 저래서 돼?' 하면서 지적하게 되는 것이다. 그런데 그 내면에는 교만이 자리 잡고 있다는 것이다.

교만한 마음에 비판하기 좋아하는 우리는 로마서 2장 1절의 경고를 잊으면 안 된다.

그러므로 남을 판단하는 사람아, 누구를 막론하고 네가 핑계하지 못할 것은 남을 판단하는 것으로 네가 너를 정죄함이니 판단하는 네가 같은 일을 행함이니라

롬 2:1

한 마디로 막 비판하고 있는 그 사람에게 하나님이 이렇게 말씀하신다는 것이다.

"야, 넌 더 해. 도대체 왜 그러냐?"

하나님의 이 지적이 들리지 않으니 마음대로 판단하고 비판하고 수군거리는 것이다. 멀쩡한 입으로 하나님을 찬양하고, 또 그 멀쩡한 입으로 날마다 누구를 지적하고 비판하면서 사분오열 되는 게 교회의 현실이다. 그렇기 때문에 우리는 이런 질문을 던져야 한다.

"어쩌다 이렇게 되었는가?"

우리가 교회의 현실을 아파하면서 이런 질문을 던진다면 하나님께서 바로 이런 답을 주실 것이다.

'너희 교회에 복음이 흐르지 않아서 그렇다. 복음이 흐르지 않으니 변질되어 교만해진 탓이다.'

그렇기에 병든 현실을 고치는 대안도 간단하다. 교회에 다시 복음이 흐르도록 해야 한다. 바울처럼 안타까운 마음으로 "할 수 있는 대로 로마에 있는 너희에게도 복음 전하기를 원하노라"라고 해야 한다.

바울의 이 안타까운 마음을 회복할 때 교회와 성도들이 다시 회

복될 줄 믿는다.

위선이란 고질병

그런가 하면 교회나 성도들이 복음 듣기를 게을리하여 생겨난 또 다른 고질병이 한국교회에 만연해 있는 '위선'이다.

내가 오래전에 들었던 설교 중에서 정말 충격적인 이야기가 있다. 장안에 유명한 호스티스 한 분이 복음을 듣고 예수님을 영접하게 되었다고 한다. 굉장히 유명한 술집에서 일하던 분인데, 예수 믿고 은혜를 받아 교회를 다니기 시작했다. 그런데 이분이 하는 말이, 자기가 술집에서 일할 때 꽤 많은 크리스천들이 자기 손님이었다는 것이다. 심지어는 그 여성분이 예배 마치고 나오다가 교회 마당에서 예전 자기 손님을 만난 적도 있다고 한다. 믿겨지지 않을 정도로 충격적인 말 아닌가?

바로 어제 저녁 술집에서 호스티스 끼고 놀다가 다음날 멀쩡하게 양복 입고 교회 나와 경건한 성도 흉내 내는 그 무서운 위선이 어떻게 가능한 일인가? 어쩌다가 이렇게 되었을까?

로마서 1장 15절 말씀의 정신으로 말하면 대답은 간단하다. 복음을 못 들어서 그렇다. 우리는 장로, 권사라는 직분이, 심지어 목사라는 타이틀이 저절로 그 사람을 '거룩'으로 이끌지 못한다는 사실을 기억해야 한다. 그러므로 우리는 복음을 들어야 거룩해지고, 복음을 들어야 회개의 역사가 일어난다는 이 간단한 사실을 다시

상기해야 한다. 복음은 믿지 않는 자들에게 전도할 때나 필요하다
는 고정관념을 깨뜨려야 한다. 깨뜨리되 철저하게 깨뜨려야 한다.

말씀이 꿀 송이처럼 달았다던 그 새벽에 로마서를 읽으면서 무서
운 진리 하나를 깨달았다.

> 곧 모든 불의, 추악, 탐욕, 악의가 가득한 자요 시기, 살인, 분쟁, 사기, 악독이 가
> 득한 자요 수군수군하는 자요 비방하는 자요 하나님께서 미워하시는 자요 능욕
> 하는 자요 교만한 자요 자랑하는 자요 악을 도모하는 자요 부모를 거역하는 자요
> 우매한 자요 배약하는 자요 무정한 자요 무자비한 자라 롬 1:29-31

지금 바울이 열거하고 있는 이 악한 것들은 하나님을 알지 못하
고 거절하는, 하나님을 마음에 두기 싫어하는 타락하고 변질된 세
상 사람들의 행동 양식이다. 그런데 그날 새벽 말씀을 묵상하다가
너무나 슬픈 사실을 하나 깨달았다. 하나님을 거역하고 하나님 알
기를 마음에서 거절하는 변질된 세상 사람들의 행동 양식이 오늘날
교회 안에 너무 많이 흘러 들어와 있다는 것이다.

항목들을 다시 한 번 보라. 시기, 분쟁, 수군거림, 비방, 교만, 자
기 자랑, 부모 거역, 무정하고 무자비한 것. 교회 안에서 볼 수 없는
것들인가? 너무나 만연되어 있는 것들 아닌가? 마음이 아팠다. 어
쩌다 이렇게 되었는가? 왜 하나님을 알지 못하는 악한 세상 사람들
에게서 나타나야 하는 행동 양식이 이렇게 많이 교회로 흘러 들어왔

느냐 말이다.

내가 그 새벽에 깨달은 무서운 진리는, 복음이 내 안에 살아 역사하고 내게 영향을 미치면 거룩한 우리의 영향을 받아 세상이 변화되지만, 믿는 우리가 복음의 정신을 받지 못하면 우리가 세상을 닮아간다는 것이다. 우리가 비록 예수 믿고 구원 받은 하나님의 백성이지만 계속 그 복음의 정신이 내 안에 흘러넘치지 못하면 역겨운 위선자가 될 수 있다. 그것이 내가 가장 두려워하는 것 중에 하나이다. 이것을 피하려면 어떻게 해야 하는가? 복음을 받아야 한다.

복음이 영적 싸움에서 이길 힘을 준다

둘째, 바울은 왜 이미 예수 잘 믿는 로마교회 성도들에게 복음 전하기를 갈망했을까? 복음이 영적 싸움에서 이길 힘을 제공하기 때문이다. 바울은 로마서 7장에서 처절하게 고백한다.

그러므로 내가 한 법을 깨달았노니 곧 선을 행하기 원하는 나에게 악이 함께 있는 것이로다 내 속사람으로는 하나님의 법을 즐거워하되 내 지체 속에서 한 다른 법이 내 마음의 법과 싸워 내 지체 속에 있는 죄의 법으로 나를 사로잡는 것을 보는도다 롬 7:21-23

지금 바울이 자각한 것이 무엇인가? 내 안에 육체의 소욕이 꿈틀거리는데, 또한 내 안에 성령의 소욕이 있어서 내 본능대로 움직이지 않도록 막고 있다는 것이다. 이것을 자각하는 게 신앙생활이다. 예수님을 알기 전엔 싸움도 없었다. 그냥 일방적으로 끌려가는 삶을 살았다. 그러다 예수 믿고 내 안에 성령님이 함께하심으로 성령의 소욕이 내 안에 자리 잡으면서 이 두 세력이 싸우고 있는 것이다. 이것이 얼마나 처절하고 힘든 싸움이었는지, 바울은 로마서 7장에서 이렇게 고백한다.

> 오호라 나는 곤고한 사람이로다 이 사망의 몸에서 누가 나를 건져내랴 롬 7:24

우리가 예수님을 믿는다는 것은 이 거룩한 영적 고뇌와 영적 갈등의 연속이다. 아무리 내가 몸부림쳐도 내 안의 이 무서운 육체의 소욕을 제어할 수 없어서 날마다 마음이 아프고 힘든 게 신앙생활이다.

이것이 죄성을 가진 우리의 현실이기는 하지만, 그러나 그 상태에 머물면 안 된다. 바울은 로마서 7장에서 절망의 절규를 터뜨리지만, 그는 그 절망의 자리에 머물지 않고 복음의 사다리를 타고 로마서 8장으로 올라간다. 거기에서 그는 뭐라고 고백하는가?

> 그러므로 이제 그리스도 예수 안에 있는 자에게는 결코 정죄함이 없나니 롬 8:1

이것이 복음의 능력이다. 그 다음 로마서 8장을 보자.

그러나 이 모든 일에 우리를 사랑하시는 이로 말미암아 우리가 넉넉히 이기느니라 내가 확신하노니 사망이나 생명이나 천사들이나 권세자들이나 현재 일이나 장래 일이나 능력이나 높음이나 깊음이나 다른 어떤 피조물이라도 우리를 우리 주 그리스도 예수 안에 있는 하나님의 사랑에서 끊을 수 없으리라 롬 8:37-39

이것이 신앙생활이다. 불행하게도 오늘날 로마서 7장에 갇혀 사는 성도들이 너무 많다. 8장으로 건너가는 사다리가 없어서 말이다. 이것과 마찬가지로 바울이 7장에서 던졌던 고뇌에 찬 절규 자체가 없는 사람도 많다. 마치 내 안에 육체의 소욕밖에 없어서 성령님의 탄식 소리가 들리지 않는 것처럼 마비된 사람들도 많다는 것이다.

교회 바깥 뿐 아니라 교회 안에서도 이런 모습이 많이 보인다. 그렇기 때문에 복음은 전도지 들고 지하철 역 앞에서만 외쳐야 하는 게 아니라 교회 안에서도 전해져야 하는 것이다. 오늘 교회를 왔다 갔다 하는 수많은 사람들에게 로마서 7장의 바울의 거룩한 고뇌와 갈등이 회복되어야 한다. 뿐만 아니라 고뇌에 찬 7장에만 갇혀 있는 것이 아니라 복음의 사다리를 타고 로마서 8장으로 건너가야 한다. 승리를 선언해야 한다.

"예수 그리스도로 말미암아 내가 넉넉히 이기느니라!"

여기까지 가야 하는데, 이때 필요한 도구가 복음이다. 왜 바울이 '로마에 있는 믿음 좋은 너희에게도 복음 전하기를 원하노라'라고 말했는지 이해할 수 있겠는가?

나는 모든 성도들이, 이미 예수 잘 믿는 성도라 할지라도 날마다 복음을 받아서 변질되지 않기를 바란다. 복음이 없으면 금방 변질된다. 그러므로 우리는 이렇게 기도해야 한다.

"매일 매일 복음이 내게 들려져서 로마서 7장의 영적 싸움에서 육체의 소욕을 제어할 수 있는 복음의 능력, 성령의 능력, 성령의 소욕을 얻도록 허락하여주옵소서."

이 갈망이 우리 모두 안에 일어나게 되기를 바란다.

과연 무엇이 복음인가?

바울은 이렇게 복음을 듣고 영향을 받는 것이 중요하다고 강조하고 있는데, 그렇다면 과연 복음은 무엇인가? 복음이 들려져야 한다는데, 뭐가 들려져야 하는가?

로마서에서 바울의 논조를 한 번 보자. 바울은 로마서 1장 2절에서 '이 복음은'이라고 하면서 먼저 복음을 규정짓고 시작한다.

이 복음은 하나님이 선지자들을 통하여 그의 아들에 관하여 성경에 미리 약속하신 것이라 그의 아들에 관하여 말하면 육신으로는 다윗의 혈통에서 나셨고 성결의 영으로는 죽은 자들 가운데서 부활하사 능력으로 하나님의 아들로 선포되셨으니 롬 1:2-4

'이 복음은'이라고 시작해서 쭉 설명하는데, 그 결론이 무엇인가?

곧 우리 주 예수 그리스도시니라 롬 1:4

예수님이 복음 그 자체라는 것이다. 이 사실을 잊어서는 안 된다. 그리고 오해하면 안 된다. 십자가가 복음 자체는 아니다. 십자가가 복음일 수 있는 것은 복음이신 예수 그리스도께서 십자가를 도구로 쓰셨기 때문이지, 십자가만 달랑 떼어내면 그것은 나무쪼가리일 뿐이다.

예전에 드라큘라 영화를 보면서 참 이상했던 게 있다. 드라큘라가 피를 빨아 먹으려고 달려들다가 십자가를 꺼내들면 무서워서 도망가는 모습이다. 그걸 보면서 '아, 저건 아닌데. 왜 도망가지? 십자가 모양이 뭐라고!' 하는 생각을 했다. 십자가가 무슨 드라큘라를 쫓아낼 힘을 갖고 있는가? 그 모양 자체가 복음이 아닌데.

내가 이런 이야기를 하자 우리 교회의 교역자 한 명이 재미있는 이야기를 해줬다.

"목사님, 요새 드라큘라들은 더 세져서 십자가를 딱 꺼내면 십자가를 콱 치고 잡아먹는대요."

나는 그 이야기를 들으면서 '어째 좀 썰렁하다'는 생각이 드는 동시에 '그거 말 되네'라는 생각을 했다. 요새 드라큘라가 훨씬 복음적이란 생각도 했다. 교회에 걸어놓은 십자가 모양은 아무것도 아니다. 예수님이 빠진 십자가는 그저 쇳덩이에 불과하다.

많은 분들이 하고 다니는 십자가 목걸이도 마찬가지다. '내가 매일 십자가 목걸이를 지니고 다니면서 날 구원하신 예수 그리스도의 사랑을 날마다 묵상해야지' 하면서 착용한다면 다른 이야기겠지만, 그저 장식으로 달고 다니는 십자가는 아무 능력이 없다. 드라큘라 못 쫓아낸다. 십자가가 복음이 아니고, 예수 그리스도 자체가 복음이시다.

오늘, 날마다 복음을 의지하라

복음을 의지한다는 것은 다른 말이 아니다. 내가 예수 믿고 구원받았지만 내 삶 속에서 날마다 예수님을 의지하는 것이다.

"주님, 제가 신학공부하고 목사안수 받아 주일마다 설교하는 목사가 되었습니다. 그러나 주님은 제가 얼마나 약한 존재인지 아십니다. 오늘 제가 주님의 십자가 복음을 의지하지 않으면, 예수님의 이름을 날마다 의지하지 않으면, 언제 실족하여 성도들에게 상처주고 실망시킬지 모릅니다. 주님을 의지합니다. 저를 붙잡아주옵소서."

바로 이것이 복음을 의지하는 것이다. 우리가 엿새 동안 삶의 터전에 있을 때, 복음에 대한 이 갈망이 있었는가? 주일날 하루 예배한 번 드리고 엿새 동안 내가 내 인생의 주인인 것처럼 제멋대로 살아서는 복음의 능력이 나타나지 않는다.

이런 의미에서, 옛날 가난하고 힘들고 어렵던 시절 옛 어른들이 눈물로 부르던 십자가 찬양에 예수님의 흔적이 담겨 있다고 생각한다. 그중에 이런 찬양이 있다.

내 주의 보혈은 정하고 정하다.
내 죄를 정케 하신 주 날 오라 하신다.
내가 주께로 지금 가오니
십자가의 보혈로 날 씻어주소서.
_ 새찬송가 254장

어른들은 왜 이 찬양을 부르며 울었을까? 십자가 모양이 귀중한 게 아니라 그 십자가가 복음 되시는 예수 그리스도를 생각하게 하고, 그 십자가가 타락하고 변질된 우리로 하여금 복음 되시는 주님에게로 나아가게 하는 도구가 되기 때문이다. 그렇기 때문에 십자가를 그리 소중히 여기며 눈물로 노래를 부른 것이다.

이처럼 옛날 어른들은 십자가 말고는 대안이 없어서 눈물로 주님 앞에 나아가 십자가를 구하며 "주님 은혜 주시옵소서"라고 기도했는데, 우리에게는 이런 가난한 마음이 사라져버렸다. 너무 부요해져버렸다. 그래서 더 이상 복음이 우리에게 목마름이 아니게 되었다.

심령이 가난한 자는 복이 있나니 천국이 그들의 것임이요 마 5:3

우리가 이 가난한 마음을 회복해야 된다.

"하나님, 내가 아무리 부요하다, 인기 있다, 성공했다 할지라도 주님 없이는 갈증을 느끼는 인생입니다. 목마른 인생입니다. 주님이 내 인생의 대안이 되십니다. 겸손히 무릎 꿇고 주님을 구합니다."

주님 앞에 이 복음을 갈망해야 된다.

복음에 대한 목마름

예전에 안양의 어느 교회에 부흥회를 인도하러 간 적이 있었다. 부흥회를 인도하려고 강단에 딱 섰는데 우리 교회 성도 몇 분이 계셨다. 사실 다른 교회에 부흥회를 인도하러 갈 때, 우리 교회에서 했던 설교 중에서 마음에 감동이 오는 설교를 골라 말씀을 전하곤 하는데, 이미 그 설교를 들은 우리 교회 성도들이 앉아 있으니 난감한 마음이 들었다.

'저렇게 바쁘고 피곤하신 분들이 은혜 받으려고 애써서 이 부흥회에 참석했는데, 이미 들었던 설교를 전하니 얼마나 실망이 크겠나?'

이런 생각을 하니 죄송한 마음이 든 것이다. 게다가 그 분들은 안양 바로 옆에 있는 평촌에서 했던 부흥회 때도 오셨던 분들인데, 그때와 같은 설교였다. 그러니 미안한 마음이 얼마나 컸겠는가?

그래서 예배를 마치고 그날 부흥회에 참석한 성도님들의 담당 순장님께 SOS 문자 메시지를 보냈다.

'순장님, 제가 지금 이렇게 저렇게 해서 부담이 좀 되니 이분들에

게 연락해서 내일부터는 오지 말라고 전해주세요.'

그렇게 문자를 보냈더니 그 다음 날, 전날 부흥회에 참석했던 성
도에게서 메일이 왔다. 그날 온 메일 내용이 이랬다.

목사님, 안녕하세요? 평소 목사님과 이메일로라도 교류를 하고 싶었
지만 목사님의 시간을 뺏으면 안 될 것 같아 자제하던 차였습니다.
순장님으로부터 목사님의 메시지를 전해 듣고 괜히 목사님 마음 쓰
시게 했나 보다 하는 송구한 마음이 들어 어렵게 몇 자 적습니다. 저
는 집은 평촌에 있고, 회사는 서울 충정로에 있습니다. 출퇴근이 이
르고 또 늦어서 항상 예배에 목말라 있습니다(믿은 지 2년밖에 안 되
지만요). 지난주 목사님이 저희 집 근처로 집회 오신다는 소식을 듣
고 기쁜 마음에 특강을 듣는 학생 같은 심정으로 어제 저녁, 그리고
오늘 새벽 예배에 참석했지요. (중략)
결론부터 말씀드리자면 저는 어제 많이 회개하고 많이 은혜 받고 하
나님께 많이 감사했습니다. 그리고 옆에 앉아 있던 함께 간 남자 집
사님과 손잡고 많이 울었습니다. 이유는 평촌의 어느 교회 부흥회 때
그토록 감명 깊게 들었던 설교를 불과 4개월여 만에 다시 듣는데 하
나도 개선이 안 된 저를 발견한 것입니다. 하나님께 너무 죄송했습니
다. 어제도 매우 바쁜 회사일 속에 왠지 모를 꼭 가라는 음성에 이끌
려 하던 일을 다 멈추고 달려갔고, 설교를 들으며 지난번 들었던 설
교 요약이 마침 제 핸드폰에 저장돼 있어서 함께 보는데 너무 부끄러

운 겁니다. 목사님의 지난 설교를 출퇴근하면서 CD로 다시 듣는 경우가 많은데 얼마나 새록새록 은혜가 되는지 아마 모르실 겁니다. 목사님, 제가 똑같은 설교 듣게 되어 도움이 안 될까봐 걱정이시라면 정말 걱정 붙들어 놓으시고요. 혹시 타 교회 설교 시 분당우리교회 성도가 있는 것이 부담스러우시면 편하게 말씀해주세요.

나는 이분의 이메일을 받고 감동이 물밀 듯 몰려왔다. 예수 믿은 지 2년밖에 안 되는 분이 복음에 목말라서 똑같은 예배를 드리면서도 '똑같은 설교네. 집에 갈까' 하는 게 아니라 4개월 전에 은혜 받고 말씀대로 살기 위해 몸부림쳤지만 별로 개선된 것이 없다는 사실에 주님께 부끄러워하며 눈물로 기도했다는 그 고백에 할 말을 잃었다.

성경에 먼저 된 자가 나중 되고 나중 된 자가 먼저 된다는 말씀이 있는데, 이 말씀이 정말 우리에게 전하는 메시지 아닌가? 상식적으로 생각하면 '에이, 같은 설교네. 중간에 살짝 나가야겠다' 하는 것이 정상적인 반응 아닌가? 그런데 왜 이분은 두 번, 세 번 들었던 설교인데도 눈물을 흘리며 하나님께 회개하는 걸까?

우리는 어떤가? 예수 믿은 지 2년밖에 안 된 그 분의 복음에 대한 목마름, 듣고 또 들어도 날마다 새로운 이 복음의 목마름이 우리에게 있는가? 이것이 없어서 타이틀은 장로요, 권사요, 목사요, 중직자인데 우리 심령이 이렇게 메말라버린 것 아닌가?

우리가 부끄러움을 자각해야 한다. 그래야 다시 복음을 들어야겠다는 위기감을 느낄 수 있고, 그 위기감으로 다시 복음을 들을 때 병든 우리 심령이 회복될 수 있다.

복음은 오늘도 역사한다

꿀 송이 같은 로마서를 읽고 너무 가슴이 벅찼던 그날, 교역자 회의를 하면서 후배 목회자들에게 이런 부탁을 했다.

"제가 오늘 새벽에 이런 은혜를 받았다. 감격이 너무 벅차올랐다. 돌아오는 주일 설교 시간에 내가 이 감격을 성도들에게 고스란히 전할 수 있도록 나를 위해 기도해달라."

그랬더니 그날 나에게 여러 교역자들이 격려의 메일을 보내주었다. 그중 한 메일을 소개하려고 한다.

목사님, 저는 3년 전 우울증에서 단번의 치유를 경험한 적이 있습니다. 당시 고도의 우울증을 앓고 있었고, 이틀간 어디서 죽어야 하나 고민하고 있었습니다. 그때 무슨 집회나 은사 있는 분의 기도를 통해서가 아니라 예수님의 사역에 대한 말씀을 묵상하고 기도하던 중 몇 년 간의 우울증과 강박증 증세가 한 순간에 치유 받는 경험을 했습니다.

오늘날 한국교회가 변질됐다, 타락했다, 복음의 문이 닫혔다 별의별 말이 많지만, 아니다. 오늘도 복음은 살아 있다. 복음은 살아 역사한다. 어디서 죽을까 고민하던 한 사람에게 복음이 능력이 되어 단번에 치유해주시는 역사가 일어난다고 지금 여기 증언하고 있지 않은가?

오늘도 복음이 나를 살려냈다고 이렇게 기뻐 춤을 추는 간증들이 끊이지 않는데, 우리도 이 복음을 갈망해야 한다. 교회 오래 다닌 게 대수가 아니라, 5대째 예수 믿는 게 대단한 것이 아니라 내가 이 생생한 복음, 이 생생한 복음의 능력을 경험해야 한다. 복음에 목말라야 한다.

복음이신 예수 그리스도, 내 심령을 살려주신 주님이 오늘 하루도 저급한 육체의 소욕이 휘몰아치고 있는 내 심령 안에 성령의 소욕을 심어주심으로, 우리도 "예수 그리스도로 말미암아 우리가 넉넉히 이기느니라"라고 고백할 수 있어야 한다.

우리 가정 안에 복음이 없다고, 예수 믿는 우리 가정의 자녀들이 복음이 뭔지 몰라 신음하고 있다고, 이 혼미한 세상에서 우리 아이들은 지금 기독교적 가치관이 뭔지도 모른 채 세속화의 물결 속에 자기 몸을 던지고 있다고 가슴을 치며 탄식해야 한다. 탄식하며 회개해야 한다. 그리고 이 위기감으로 다시 복음을 들어야 한다. 그리고 복음을 들려주어야 한다.

그러므로 나는 할 수 있는 대로 로마에 있는 너희에게도 복음 전하기를 원하노라

롬 1:15

바울의 이 정신을 회복해야 한다. 그러기 위해선 우리가 고뇌해야 한다. 로마서 7장에서 바울이 가졌던 근심과 고뇌가 필요하다. 그래야 로마서 8장의 승리의 예수 그리스도를 붙잡을 수 있다. 우리가 이 확신을 가지고 이렇게 고백하자.

그 이름 비길 데가 어디 있나 잴 수도 없고 셀 수도 없는
귀하신 이름 놀라우신 이름 참되신 이름 우리 주 예수

비탄에 빠진 가련한 영혼이 슬픔의 안개 걷어치우고
즐거이 새 생명 새 힘을 얻어 쓰라린 상처 아물었도다

이 찬양처럼 식어져버린 복음의 능력과 복음의 열정이 우리 안에 회복되기를 바란다.

PART

3

—

성장,
날마다 배우고 훈련하다

부활이 없다 하는 사두개인들이 그 날 예수께 와서 물어 이르되 선생님이여 모세가 일렀으되 사람이 만일 자식이 없이 죽으면 그 동생이 그 아내에게 장가 들어 형을 위하여 상속자를 세울지니라 하였나이다 우리 중에 칠 형제가 있었는데 맏이가 장가 들었다가 죽어 상속자가 없으므로 그 아내를 그 동생에게 물려주고 그 둘째와 셋째로 일곱째까지 그렇게 하다가 최후에 그 여자도 죽었나이다 그런즉 그들이 다 그를 취하였으니 부활 때에 일곱 중의 누구의 아내가 되리이까 예수께서 대답하여 이르시되 너희가 성경도, 하나님의 능력도 알지 못하는 고로 오해하였도다 부활 때에는 장가도 아니 가고 시집도 아니 가고 하늘에 있는 천사들과 같으니라 죽은 자의 부활을 논할진대 하나님이 너희에게 말씀하신 바 나는 아브라함의 하나님이요 이삭의 하나님이요 야곱의 하나님이로라 하신 것을 읽어보지 못하였느냐 하나님은 죽은 자의 하나님이 아니요 살아 있는 자의 하나님이시니라 하시니 무리가 듣고 그의 가르치심에 놀라더라

07
영적 무지를
떨쳐라

돌이킬 수 있을 때 돌이켜라

나는 연말에 대학교수들이 발표하는 그 해의 사자성어를 유심히 본다. 매년 지나온 한 해를 함축적으로 표현하는 사자성어이기 때문이다.

몇 년 전의 일이다. 그 해의 사자성어로 '호질기의(護疾忌醫)'가 뽑혔다. 이것은 '병이 있는데도 의사 앞에 보여 치료받기를 꺼린다'는 뜻이다. 쉽게 말해서, 문제가 있음에도 남의 충고를 듣기 싫어하는 삶의 태도를 나타내는 말이다.

당시 '호질기의'와 더불어 사자성어 후보였던 단어가 있다. '토붕와해(土崩瓦解)'이다. '흙이 붕괴되고 기와가 깨어지는 것처럼 사물이 수습할 수 없을 정도로 철저히 괴멸되는 상태'를 말한다.

그리고 보니 '호질기의'와 '토붕와해'는 서로 밀접한 관계를 가지고 있다. 수습할 수 없을 정도로 심각한 상태가 이르기 전, 아직도 우리에게 기회가 있을 때 남의 충고를 듣고 말씀으로 깨달음을 얻어 돌이켜야 한다는 내용을 담고 있다.

이런 맥락에서 마태복음 22장에 등장하는 바리새인, 대제사장, 사두개인들이 참 안타깝게 느껴진다. 이들은 너무나 어리석은 사람들이다. 하나같이 '토붕와해' 될 때까지 '호질기의' 하던 사람들이라고 설명할 수 있다.

우리가 왜 이런 사람들의 삶을 되돌아보아야 하는가? 우리에게는 이런 어리석은 모습이 없는지 살펴보기 위해서이다. 우리 자신도 혹시 미련하게 돌이킬 수 있을 때 돌이키지 않고 더 이상 돌이킬 수 없을 때까지 꾸역꾸역 외면하는 어리석음이 있지는 않은지 말씀을 통해 깨닫기 위해서이다.

본질을 놓치면 벌어지는 일들

본문 마태복음 22장 23-33절에는 부활을 믿지 않던 사두개인들이 등장한다. 23절 말씀은 이렇게 시작한다.

부활이 없다 하는 사두개인들이 마 22:23

그 당시 사두개인들은 헬라와 로마의 통치세력과 결탁하여 온갖 부귀영화를 누리던 기득권 사람들이었다. 이 땅에서 누리는 것이 얼마나 행복하고 좋았던지, 그들은 영적인 것을 믿지 않았다. 부활도, 천사도 믿지 않고 오직 눈에 보이는 것, 즐기고 누리며 기득권을 빼앗기지 않으려고 애쓰는 것이 그들 삶의 전부였다고 할 수 있다.

사람이 이렇게 현실적인 부유함에 취하기 시작하면 영적인 세계가 보이지 않는다. 신앙생활도 마찬가지다. 몸은 교회에 와서 앉아 있지만 실제적이지 못하고 너무나 막연하고 추상적이다.

나는 우리 크리스천들이 사두개인들처럼 황당하기 짝이 없는 쓸데없는 논쟁이나 벌이는 신앙인으로 살아가지 않기를 바란다. 부활을 믿지 않는 그들 입장에선 부활에 대한 소망이나 기대감이 전혀 없다. 오히려 우스꽝스러운 비유를 들어가며 예수님을 잡으려고 논쟁이나 벌이는 차가운 신앙인이 되더라는 것이다.

가만히 보면, 영적으로 죽어 있는 사람일수록 성경을 논쟁거리로 삼는다. 아무것도 아닌 것을 가지고 자꾸 소모적인 논쟁으로 이끌어간다. 교회도 마찬가지다. 영적으로 침체된 교회일수록 아무것도 아닌 비본질적인 문제를 가지고 다투고 마음이 상하고 깨지는 일들을 행한다.

역사적으로도 영적으로 침체될 때면 항상 소모적인 논쟁이 득세했다. 예를 들면 1453년, 콘스탄티노플(Constantinople)에서 황당하면서도 유명한 논쟁이 있었다. 세례를 베풀려고 떠놓은 성수에 그만 파리 한 마리가 빠져버렸다. 사실 별일 아니지 않은가? 그냥 그 물 비우고 새 물을 떠오면 되는 일인데, 그걸 가지고 편이 갈라져서 논쟁이 벌어졌다.

한쪽에서는 파리 때문에 성수가 오염되었다고 주장하는 '성수 오염파'가, 또 다른 쪽에서는 거룩한 성수에 파리가 빠졌으니 파리가 성화되었다고 주장하는 '파리 성화파'가 만들어졌다. 물이 오염됐다는 파와 파리가 성화되었다는 파가 싸움을 하며 이 물을 버리면 안 된다, 버려야 된다 하면서 어처구니없는 논쟁을 벌였다. 그런 황당한 논쟁으로 끝없이 싸우다가 회교도의 침공을 받아 멸망하게 되었다.

1910년 러시아가 공산화될 때도 마찬가지의 일이 벌어졌다. 그때에도 러시아정교회는 얼마나 비본질적인 것을 가지고 싸우고 마음을 쏟았는지, 심지어 바늘 하나를 손에 들고 바늘 끝에 천사가 몇이나 앉을 수 있는지, 몇이나 설 수 있는지 같은 것을 연구하곤 했다고 한다. 이렇게 비본질적이고 소모적인 것에 마음을 쏟고 다투다가 그만 나라가 공산화되고, 교회가 문을 닫는 비극이 벌어지게 되었다.

현재 살아 계신 하나님을 경험하라

우리는 어떤 신앙생활을 하고 있는가? 사두개인들처럼 황당하기 짝이 없는 웃기는 예를 가지고 소모적인 논쟁거리를 만드는 신앙생활을 하고 있는가? 아니면 우리 삶 속에서 역동적으로 일하시는 하나님을 경험하는 신앙생활을 하고 있는가?

우리가 이런 사두개인들과 같은 소모적인 신앙인의 모습을 피하기 위해선 어떻게 해야 하는가? 대답은 간단하다. 현재 살아 계셔서 일하시고 역사하시는 하나님을 경험해야 한다. 그 하나님을 마음속에서 누리고 경험하며 맛보아야 한다. 그래서 예수님은 이렇게 말씀하신다.

> 죽은 자의 부활을 논할진대 하나님이 너희에게 말씀하신 바 나는 아브라함의 하나님이요 이삭의 하나님이요 야곱의 하나님이로라 하신 것을 읽어보지 못하였느냐 하나님은 죽은 자의 하나님이 아니요 살아 있는 자의 하나님이시니라 하시니
>
> 마 22:31,32

이 말씀은 구약의 출애굽기 3장 6절 말씀을 인용하신 것이다. 그 당시 하나님은 모세에게 자신의 거룩함을 드러내시며 말씀하실 때, 희한하게도 이미 죽은 아브라함, 이삭, 야곱인데 '나는 아브라함의 하나님이었고, 이삭의 하나님이었고'라고 말씀하지 않으셨다. "나는 아브라함의 하나님이요"라고 현재형을 쓰신다.

이것이 무엇을 의미하는가? 그들은 이미 죽어 물리적으로 이 땅에 존재하지 않지만, 죽었다는 것이 물리적인 공간 이동을 의미할 뿐 멸망을 의미하는 게 아니란 것이다. 그리고 여전히 죽은 자나 산 자나 하나님의 통치 아래 놓여있음을 말씀하는 것이고, 더 중요한 것

은 하나님은 산 자의 하나님, 오늘 일하시는 하나님, 오늘 역사하시는 하나님이시란 사실이다.

우리가 세상살이에 빠져 영적으로 눈이 어두워지면 하는 이야기가 전부 옛날이야기다. 옛날 우리 어머니의 하나님, 아버지의 하나님, 과거 어려울 때 도와주셨던 하나님을 찾는다. 현재의 하나님은 빠져 있다. 이런 사람들은 사두개인처럼 피곤한 종교적인 논쟁거리를 일삼는 비참한 신앙인으로 전락할 위험이 있다.

말씀에 무지하여 영안이 닫혔다

권연경 교수가 쓴 《네가 읽는 것을 깨닫느뇨?》라는 책에 보면, 누가복음 24장의 예수님의 부활 이후에 엠마오로 향하던 두 제자의 이야기가 나온다. 예수님이 십자가에서 죽으신 후에 부활하셨다는 사실을 알지 못한 두 제자는 패배감을 가지고 엠마오를 향해 가고 있었다. 그때 부활하신 예수님이 그들을 만나주신다.

그런데 불행하게도 예수님이 그들을 찾아왔지만 그들은 영안이 어두워져서 주님인 것을 알지 못한다. 그래서 그들의 논쟁에 예수님이 슬쩍 끼어들어 질문을 하신다.

"예수께서 이르시되 너희가 길 가면서 서로 주고받고 하는 이야기가 무엇이냐 하시니"(17절).

그러자 한 제자가 예수님이신 줄 모르고 면박을 주며 이렇게 말한다.

"그 한 사람인 글로바라 하는 자가 대답하여 이르되 당신이 예루살렘에 체류하면서도 요즘 거기서 된 일을 혼자만 알지 못하느냐"(18절).

이 말씀 속에서 예수님의 십자가 사건이 온 장안의 화제였음을 짐작할 수 있다. 그랬더니 예수님이 시치미를 뚝 떼시고 또 이렇게 말씀하신다.

"이르시되 무슨 일이냐"(19절).

그러자 그들이 이렇게 대답한다.

"이르되 나사렛 예수의 일이니 그는 하나님과 모든 백성 앞에서 말과 일에 능하신 선지자이거늘"(19절).

분명 마태복음 16장에서 베드로의 "주는 그리스도시요 살아 계신 하나님의 아들이시라"라는 신앙고백을 통해 예수 그리스도께서 메시아 되심을 선언했는데, 그들은 지금 오히려 예수님을 선지자로 전락시키고 있었다. 왜 이렇게 되었을까? 그 다음 대답에서 알 수 있다.

"우리 대제사장들과 관리들이 사형 판결에 넘겨주어 십자가에 못 박았느니라"(20절).

지금 이 두 제자에게는 '십자가'라는 현상적인 사실이, 눈에 보이는 사건이 너무나 크게 다가와서 영안이 가려진 것이다.

마태복음 22장에 나오는 사두개인들이 현실적으로 너무 부요한 나머지 이 땅에 취해서 영안이 닫힌 케이스라면, 두 제자는 정반대이다. 하는 일이 잘 안 풀리는 것이다. 하나님이 침묵하시는 것 같다. 현실의 어려움에 함몰되어 있다 보니 영안이 닫혀 "주는 그리스도시요 살아 계신 하나님의 아들이시다"라는 신앙고백과는 달리 예수님이 그저 유능한 한 선지자로 전락해버린 것이다.

나는 우리 크리스천들이 사두개인들과 같이 이 땅의 일이 너무 잘 풀리고 사람들이 박수 쳐주고 추켜세워주어서 영안이 어두워지는 일이 없기를 바란다. 그러나 반대로 너무 오랫동안 현실적으로 풀리지 않아 마음을 거기에 쏟다 보니 영안이 닫혀버리는 불행한 일도 일어나지 않기를 바란다.

그런데 여기서 중요한 것은, 현실에 함몰되어 영안이 열리지 못하는 그 두 제자에게 예수님이 어떤 조치를 취하시는가 하는 것이다. 누가복음 24장 25절에 보면, 주님은 좌절해 있는 그들에게 이렇게 말씀하신다.

> 이르시되 미련하고 선지자들이 말한 모든 것을 마음에 더디 믿는 자들이여
>
> 눅 24:25

이 말씀을 가만히 보라. 굉장히 중요한 포인트이다. 지금 예수님이 믿음 없는 두 제자를 나무라고 계시는데, 무엇을 나무라고 계시는가? 기록된 말씀에 대한 무지함을 책망하신다. 우리 생각에는 "넌 어떻게 빈 무덤도 확인 안 했니? 넌 빈 무덤을 보고 전한 여인들

의 메시지도 확인하지 못했니?" 같은 현상을 가지고 책망할 것 같은데, 예수님은 성경에 무지하다는 말씀으로 책망하셨다. 그리고 27절을 보면 그들에게 성경을 가르치신다.

> 이에 모세와 모든 선지자의 글로 시작하여 모든 성경에 쓴 바 자기에 관한 것을 자세히 설명하시니라 눅 24:27

이런 예수님의 모습은 예루살렘에 모여 있는 다른 제자들에게도 그대로 나타난다. 부활하신 예수님이 제자들이 모인 자리에 가셔서 무엇을 하셨는가?

> 이에 그들의 마음을 열어 성경을 깨닫게 하시고 눅 24:45

나는 이런 말씀들을 정리하면서 우리가 얻을 수 있는 교훈을 두 가지로 정리하여 강조하고 싶다.

살아 계신 하나님을 경험하라

첫째, 우리가 영적 무지에서 벗어나려면 살아 계신 하나님을 경험해야 한다.

하나님은 죽은 자의 하나님이 아니시다. 산 자의 하나님이시다. 과거에만 일하셨던 하나님이 아니다. 현재 이 자리에서 일하시는 하나님이다. 마태복음 1장 21-23절을 보면, 예수 그리스도의 나심을 예고하면서 주님의 이름을 두 가지 열거한다.

> 아들을 낳으리니 이름을 예수라 하라 이는 그가 자기 백성을 그들의 죄에서 구원할 자이심이라 하니라 이 모든 일이 된 것은 주께서 선지자로 하신 말씀을 이루려 하심이니 이르시되 보라 처녀가 잉태하여 아들을 낳을 것이요 그의 이름은 임마누엘이라 하리라 하셨으니 이를 번역한즉 하나님이 우리와 함께 계시다 함이라 마 1:21-23

'예수'라는 이름과 '임마누엘'이라는 이름이다. '예수'라는 이름은 '자기 백성을 그들의 죄에서 구원해주실 자'라는 뜻이다. '임마누엘'은 '하나님이 우리와 함께 계시다'라는 뜻이다. 앞서 언급한 권연경 교수의 책에서 저자가 말하길, 우리는 두 가지 이름 중에서 '예수'란 이름에만 너무 치우쳐 있다는 것이다. 우리를 구원하신 구원자 '예수'에만 치우쳐 있다 보니, 오늘 우리와 함께하시는 '임마누엘'이 약화되었다는 것이다. 참 일리 있는 지적이다.

성탄절의 의미가 무엇인가? 예수님은 빨간 망토를 두르고 하늘을 휘저으며 모든 인간들이 범접할 수 없는 놀라운 신(神)의 모습으로 나타나서, 혼자 모든 죄의 문제를 해결하고 하늘로 돌아가신 분이 아니다. 연약하기 짝이 없는 인간의 몸으로 이 땅에 오셔서 인간의 아픔을 체휼하시고 눈물을 겪으시고 인간의 모든 것을 경험하시며 우리와 함께하기 원하셨다.

우리의 고통에 함께하시는 하나님

권연경 교수는 인간의 몸을 입고 오신 예수님을 설명하며 '예수와 함께 걷는 구원의 길'이란 표현을 쓴다. 정곡을 찌르는 표현이다. 그러면서 가슴 뭉클한 예화를 하나 든다. 권연경 교수님이 군에서 겪은 일이라고 한다.

군대 다녀온 사람은 다 공감하겠지만, 훈련병 시절 제일 공포스러운 것이 가스실이다. 방독마스크를 벗고 가스실에 있자면 눈물, 콧물 쏟아지는데 얼마나 고통스러운지 모른다. 대열에 서서 먼저 훈련받는 훈련병들이 눈물, 콧물 쏟으며 뛰쳐나오는 모습을 보며 자기 차례를 기다리고 있다 보면 두려움에 휩싸인다.

그런데 한 훈련병이 가스실에 들어갔다가 그 고통이 너무 극심해서 참지 못하고 문 입구에 버티고 있던 조교 다섯 명을 다 밀쳐내고 가스실 밖으로 뛰쳐나갔다. 아주 큰일 날 일이다. 공포에 질려 바깥에서 웅크리고 있는데 중대장이 그에게 뚜벅뚜벅 걸어갔다. 모두들 이제 큰일이 나겠구나 싶어서 주목하는데, 중대장이 공포에 떨고 있는 낙오병 어깨에 손을 얹고는 한참을 뭐라고 이야기하더니, 놀랍게도 중대장 자신도 방독면을 쓰지 않은 채 낙오병의 손을 이끌고 가스실로 함께 들어갔다고 한다. 그러면서 이분의 표현으로, 중대장은 그 친구의 고통을 자기 고통으로 삼았고, 그 친구는 중대장의 승리를 자기 승리로 삼았다고 했다.

너무나 의미 있는 표현이다. 나는 이 표현을 임마누엘 되시는 예수 그리스도께 대체해보았다.

"예수 그리스도는 우리 인간의 고통을 자기 고통으로 삼으셨다. 우리 인간은 예수 그리스도의 승리를 우리의 승리로 삼았다."

바로 이것이 임마누엘, 우리와 함께하시며 함께 구원을 이루어가시는 예수 그리스도께서 원하시는 표현이란 생각이 들었다.

그러면서 하는 이야기가 중대장이 그 친구 대신 가스실로 들어가는 것이 구원이 아니라고 말한다. 그 친구의 손을 붙잡고 방독면을 벗고 함께 들어가는 행위, 이것이 복음이 말하는 구원이라는 것이다. '임마누엘', 곧 우리와 함께하시는 하나님이 '예수'와 더불어 경험되어야 할 하나님의 성품이다.

예수님은 제자들을 세상으로 파송하시면서 이 말씀을 주셨다.

보라 내가 너희를 보냄이 양을 이리 가운데로 보냄과 같도다 그러므로 너희는 뱀 같이 지혜롭고 비둘기같이 순결하라 마 10:16

이 말씀 중에서 "내가 너희를 보냄이 양을 이리 가운데로 보냄과 같도다" 하는 부분이 내 마음을 찡하게 했다. 다 큰 아들을 군대 보내는 아픔을 경험한 어머니들은 알 것이다. 부대 입구에서 아들을 혼자 들여보낼 때 눈물 흘리며 "건강해라, 밥 잘 챙겨먹어라, 잘

하리라 믿는다"며 당부하는 그 어머니의 마음이 바로 이 말씀 속 예수님의 마음이다.

우리가 이 땅을 살아갈 때, 실패하고 깨지고 사기 당하고 악한 일을 겪을 때마다 우리 주님은 이런 탄식을 하신다.

"내가 너희를 세상에 보내는 것이 양을 이리 가운데로 보내는 것 같구나."

그러면서 이어지는 말씀으로 이런 대안을 주신다.

사람들을 삼가라 그들이 너희를 공회에 넘겨주겠고 그들의 회당에서 채찍질하리라 또 너희가 나로 말미암아 총독들과 임금들 앞에 끌려 가리니 이는 그들과 이방인들에게 증거가 되게 하려 하심이라 너희를 넘겨줄 때에 어떻게 또는 무엇을 말할까 염려하지 말라 그 때에 너희에게 할 말을 주시리니 말하는 이는 너희가 아니라 너희 속에서 말씀하시는 이 곧 너희 아버지의 성령이시니라 마 10:17-20

바울을 비롯한 수많은 예수님의 제자들이 복음을 전하다가 옥에 갇히고 매 맞고 상상할 수 없는 수모를 당할 때마다, 그들 마음이 망연자실해 있을 때마다 주님의 이 말씀을 떠올리지 않았을까?

"내가 너희를 보내는 것이 양을 이리에게 보내는 것 같다. 너희들이 깨질 때, 복음을 전하다가 고난을 당할 때 절대로 내가 너희들을 홀로 내버려두지 않겠다. 그때 너희들에게 성령을 보내줄 것이다. 성령을 사모해라."

이 말씀이 얼마나 위로가 되었겠는가?

목회를 하다 보면, 가끔씩 교회 들어서는 입구부터 공기조차 무거울 때가 있다. 어떨 때는 다 내려놓고 싶은 중압감에 시달리기도 한다. 그럴 때마다 주님의 이 말씀이 내게 힘이 된다.

'네가 얼마나 힘든지 내가 다 안다. 내가 네 연약함도 다 알지만 오늘날 이 교회를 네게 맡길 수밖에 없는 현실 앞에서 내가 너를 홀로 내버려두지 않겠다. 내가 너와 함께하겠다. 성령을 내가 너에게 보내주겠다.'

가장들은 또 얼마나 수고가 많은가? 내가 가장이 되어 보니 교회를 이끄는 데 들어가는 에너지나 서너 명 되는 가정을 책임지는 가장으로서의 에너지나 그 무게는 똑같다. 가정을 돌보고 자녀를 이끄는 어머니들의 부담감도 마찬가지일 것이다. 그러나 주님이 홀로 내버려두지 않으신다.

'네가 한 가정을 책임지느라 얼마나 수고가 많으냐. 꼭 양을 이리 가운데로 보내는 것 같구나. 그러나 너를 홀로 내버려두지 않아.'

이런 임마누엘의 하나님을 경험하지 않고는 우리의 신앙생활은 이론에 파묻혀버리기 쉽다. 그렇기에 우리는 날마다 살아 계신 하나님을 경험해야 한다.

성경을 가까이하라

둘째, 우리가 살아 계신 하나님을 경험하는 것이 이토록 중요한데, 살아 계신 하나님을 경험하기 위해서는 성경을 가까이해야 한다.

앞에서도 언급했지만 예수님은 엠마오로 향하는 두 제자에게 빈 무덤을 확인하지 않은 것을 꾸짖지 않으셨다. 현상을 가지고 나무라지 않으셨다. 예수님이 꾸짖으신 것은 성경에 무지한 것이었다. 기록된 말씀에 무지한 것이 오늘 이 비극을 초래했다는 것이다.

나는 주님의 이 말씀에서 굉장히 중요한 것을 깨달았다. 우리 생각에는 주님의 못 자국 난 손을 한 번만 보면 믿음이 충만할 것 같고, 부활하신 주님의 빈 무덤 한 번만 목격하면 신앙이 끝날 것 같은데, 그게 아니란 것이다. 성경에 무지한 상태, 기록된 말씀에 무지한 상태에서 '빈 무덤'이라는 기적의 현상은 아무것도 아니다.

마태복음 22장 29절에서도 주님이 사두개인을 꾸지람하는 것은 딱 한 마디다.

"너희가 성경도, 하나님의 능력도 알지 못하는 고로 오해하였도다."

우리가 하나님의 능력을 알지 못하는 것은 기록된 성경에 무지하기 때문이요, 하나님의 말씀에 무지하다 보니 현재 일하시는 하나님, 죽은 자의 하나님이 아니라 산 자의 하나님이신 하나님의 능력을 제대로 경험하지 못하는 것이다.

나는 우리 안에서 많은 기적이 나타나기를 원한다. 병이 떠나가고, 암이 사라지는 일들이 지금보다 훨씬 많아지길 원한다. 그렇지만 이런 소원이 이루어지기 전에 반드시 먼저 선행되어야 하는 것이 있다. 그것은 말씀에 대한 갈급함이다. 병이 떠나가고, 이적이 일어나고, 몸에 손을 얹으면 놀라운 현상이 나타나는 일들이 가능하기 위해서는 먼저 기록된 말씀이 교회 안에 풍성해야 한다. 말씀이 없는데 이적과 현상만 쫓아다니다가 병든 교회를 우리가 한두 번 봤는가? 그런 비극이 자꾸 되풀이되어선 안 된다.

분당우리교회에서도 말씀을 더 가까이하기 위해 성경 펼치기 운동, 예배 시간에 성경 가지고 다니기 운동 등의 캠페인과 '성경으로 돌아가자'는 슬로건으로 전교인 성경암송, 성경통독 등 여러 가지 시도들을 해오고 있다. 우리가 성경을 펴야 한다. 성경을 읽어야 한다. 하나님의 말씀을 읽지 않아 모르는데 이상한 현상이 나타나는 것은 너무나 위험한 일이다.

우리 어머니는 시골에서 초등학교밖에 안 나오신 분이지만, 자식인 우리가 보기에 참 지혜로운 분이시다. 그래서 때로 목회에 어려움이 있을 때 어머니에게 자문을 구하면 그에 적절한 성경구절을 인용하시면서 답을 주시곤 한다. 이런 지혜는 어디에서 나오는 것일까?

그 비결은 성경 읽기에 있었다. 어머니는 지금까지 성경을 대략 200독 이상 하셨다. 그리고 성경을 읽고 또 읽다가 안 되시니 암송을 시작하셨다. 그렇게 암송을 시작하셔서 로마서 전장을 암송하시는 것을 비롯하여 믿겨지지 않을 만큼 많은 성경을 암송하셨다.

성경을 암송하고 암송하다 안 되니 성경을 쓰기 시작하셨다. 60세 넘으셔서 성경을 쓰기 시작하셨는데, 지금까지 창세기부터 요한계시록까지 열 번을 쓰셨다.

이런 어머니를 곁에서 지켜보다 보니 자녀 양육의 지혜도, 이런 저런 어려운 일을 풀어나가는 해법도 모두 다 성경에서 나오는 것임을 오랜 세월을 통해 목도할 수 있었다.

우리도 성경을 가까이해야 한다. 그리고 성경을 가까이함으로 하나님 말씀이 내 안에 살아 있는 지식이 될 때, 죽은 자의 하나님이 아니라 산 자의 하나님이 되심을 경험해야 한다.

말씀으로 성숙해질 때 풍성해진다

우리 아이들이 사춘기를 지날 때, 가끔씩 나는 내 지갑에 돈이 얼마나 들어 있는지 기록해두곤 했다. 혹시라도 아이들이 내 지갑에 손을 댈까봐 취하는 조치였다. 아마 우리 아이들이 그 사실을 알게 된다면 자존심 상해 하며 '우리를 그렇게 못 믿으세요? 정말 실망입니다'라고 대들지도 모르겠다.

혹시 누가 이 이야기를 듣고는 '목사님, 진짜 치사하고 쩨쩨하시네요. 애들이 돈을 쓰면 얼마나 쓴다고 저렇게까지 체크하십니까?'라는 반응을 보인다면, 초점을 모르는 얘기이다.

돈이 아까워서 그런 것이 아니라, 비록 부모일지언정 남의 주머니에서 돈을 꺼내는 나쁜 습관이 들까봐 부모로서 배려하는 것이다.

나는 내 지갑의 돈을 확인할 때마다 이런 기대를 가지곤 했다. 우리 아이가 빨리 성장하고 성숙해져서 이렇게 허락할 수 있는 날이 왔으면 좋겠다는 기대였다.

'얘, 내 지갑에 있는 돈 다 써. 내 것이 네 것이야. 말 안 해도 되니까 네 마음대로 써. 네가 이 돈 허튼 데 안 쓰리라 믿어. 그러니 마음껏 써.'

이게 우리 하나님 아버지의 심정 아닐까? 우리 하나님은 부유한 분이시다. 그런데 우리에게 주시는 물질적인 축복이라는 것이 주머니에 든 돈을 셌던 나같이 인색해 보이는 이유가 뭔지 아는가? 우리가 더 성장해서 성숙해져야 한다. 우리가 말씀으로 더 성숙해지면, 하늘의 창고가 다 우리의 것이 될 것을 믿는다. 우리가 더 성숙해지면, 놀라운 이적이 나타날 것이다. 놀라운 하나님의 역사가 일어날 것이다. 그 일이 가능해지기 위해 성경을 가까이, 말씀을 가까이해야 한다.

예수님이 이 땅에 오실 때 마리아를 통해 오셨다. 그때 마리아가 예수 탄생에 대한 예고를 듣고 처음에 얼마나 놀라는가? 처녀가 아이를 낳는다는 게 보통 문제인가? 그런데 마리아는 당황하고 놀랐지만, 천사의 한 마디에 마음이 평정된다.

대저 하나님의 모든 말씀은 능하지 못하심이 없느니라 눅 1:37

이 한 마디에 마리아의 마음에 평정이 찾아왔다. 그리고 마리아가 뭐라고 고백하는가?

마리아가 이르되 주의 여종이오니 말씀대로 내게 이루어지이다 하매 천사가 떠나가니라 눅 1:38

우리는 왜 마리아처럼 풍요로운 인생을 못 사는가? 두 가지 이유이다. 첫 번째는 말씀에 무지해서 그렇다. 말씀이 들리지 않아서 그렇다. 두 번째는 말씀에 대한 확신과 믿음이 없어서 그렇다.

말씀을 사랑해야 한다. 말씀을 가까이해야 한다. 말씀이 우리 인생에 빛이 되고 등불이 된다면, "주의 말씀은 내 발에 등이요 내 길에 빛이니이다"(시 119:105)라는 말씀이 우리의 삶을 통해 구현된다면 죽은 자의 하나님이 아닌 산 자의 하나님을 경험하게 될 줄 믿는다.

주 말씀 향하여 달려가리라!

하늘에 나는 새도 주 손길 돌보시네
온 땅에 충만한 주 사랑으로 내 마음을 덮으소서
주 나를 부르셨네 주의 영광 위해
모든 사람 이끄소서 주의 영광으로

주 말씀 향하여 달려가리라
힘도 아닌 능도 아닌 오직 성령으로
주 얼굴 향하여 달려가리라
오 주의 영광 안에 살게 하소서

청소년 사역을 할 당시, 어느 날 아이들과 함께 이 찬양을 부르는데 마음이 복받쳤다.

'하늘에 나는 새도 돌보시는 하나님, 하늘에 나는 새도 주 손길 안에 있는데 하물며 하나님의 자녀인 나는 오죽하랴.'

이런 감동이 밀려들면서 무거운 인생의 짐을 나의 힘과 능으로 지고자 애쓰고 살아갈 때 생겨나지 않던 마음의 확신이 생겼다. 이 찬양이 노래하는 것은 딱 하나이다.

"이 놀라운 은혜를 경험하기 위해 주 말씀 향하여 달려가리라."

나는 사모하고 또 사모한다. 간절히 바라고 또 바란다. 교회 안의 모든 성도들이 과거에 일하신 하나님이 아니라 현재 일하시는 하나님, 죽은 자의 하나님이 아니라 산 자의 하나님을 경험하기 바란다. 그 하나님을 경험하기 위해서는 말씀을 가까이해야 한다. 말씀이 빛이 되고 등불이 되어야 한다.

우리 힘으로는 아무것도 할 수 없다. 내 앞길, 한 치 앞을 모르는 게 사람의 인생 아닌가? 자녀 교육, 오리무중이다. 절대 내 지식으로 안 된다. 나는 청소년사역 전문가였다. 그러나 내 경험으로도 안 됐다. 말씀 앞에 아이를 맡겨야 한다. 내 삶을 맡겨야 한다.

인생을 살아가다가 순간순간 두렵고 내려놓고 싶을 때마다 말씀의 등불이 여기까지 우리를 인도해준 것을 믿는다. 그 말씀의 빛 아래서 조명 받는 우리 모두의 삶과 가정이 되기를 바란다.

에베소서 4장 13,14절

우리가 다 하나님의 아들을 믿는 것과 아는 일에 하나가 되어 온전한 사람을 이루어 그
리스도의 장성한 분량이 충만한 데까지 이르리니 이는 우리가 이제부터 어린아이가 되
지 아니하여 사람의 속임수와 간사한 유혹에 빠져 온갖 교훈의 풍조에 밀려 요동하지
않게 하려 함이라

08

함께 꿈꾸고
함께 성장하라

현대인의 외로움

최근에 널리 쓰이는 인터넷 신조어 중에 '먹방'이라는 신조어가 있다. 말 그대로 먹는 모습을 보여주는 방송이다. 먹방을 다룬 어느 기사의 제목이 이랬다.

"외로움 때문에 뜬 먹방… 고독한 현대인의 삶 대변."

먹방을 즐겨 보는 사람 중에는 혼자 밥 먹는 것이 외로운 사람들이 혼자가 아니라 함께 식사하는 느낌이 들도록 방송을 켜놓고 밥을 먹는 경우가 많다는 것이다.

'공방'이라는 단어도 있다. 공방은 '공부 방송'의 약자다. 이것 역시 혼자 공부하지만 혼자 공부하는 느낌이 들지 않도록 하려는 게 목적이다. 고시나 공무원 시험 준비 등으로 홀로 장시간 공부하는 사람들이 외로우니까 공방을 켜놓는 것이다.

그런가 하면, 미주 한인들을 상대로 하는 상담기관에서 그곳 기관을 찾아 상담을 요청하는 사람들의 상담 내용을 분석해놓은 글을 본 적이 있다. 지난 1년 동안 주로 어떤 문제로 상담을 요청했는지를 분류했더니, '고독과 외로움'에 대한 상담이 가장 많더라는 것이다. 가슴 아픈 것은, 그런 결과는 그 해에만 있었던 것이 아니라 무려 15년에 걸쳐 외로움과 고독에 대한 상담이 1위를 벗어나본 적이 없다는 것이다. 이것이 뭘 의미하겠는가? 현대인들은 너 나 없이 고독과 외로움의 문제로부터 자유하지 못하다는 것 아닌가?

더군다나 통계청 자료에 의하면 1인 가구의 비중은 1990년에는 전체 가구 가운데 9퍼센트에 불과했다. 그랬던 것이 2015년 기준으로 전체 인구의 27.2퍼센트로 늘어났으며, 2020년에는 1인 가구의 비중이 30퍼센트에 육박할 것이라고 한다. 그러다 보니 어느 전문가는 이런 말을 했다.

"지금은 과거 대가족 시대를 지나고 그 다음에 우리가 종종 들었던 핵가족 시대도 지나서, 이제 혼자 사는 1인 가구가 대세이다."

내가 아주 어릴 때는 대가족이 자연스러웠다. 할아버지, 할머니가 계시고, 아들 내외 부부가 있고, 손자 손녀가 같이 어울려 사는 대가족이 거의 대세를 이루었다. 그러다가 점점 대가족이 사라지고 핵가족 시대가 도래하고 있다는 이야기를 많이 들었다. 이제는 그 핵가족 시대도 지나가고, 혼자 사는 1인 가구가 대세라는 것이다.

혼자 사는 가구의 비중이 곧 30퍼센트에 이른다는데, 1인 가구가 대세라는 전문가의 말이 그리 과한 말은 아닌 것 같다.

교회가 외로운 사회의 대안이 되어야 한다

내가 이런 사회 현상에 주목하는 이유가 있다. 이제 교회가 드디어 '교회는 하나님의 가족 공동체'라는 교회론의 정의를 진정으로 회복할 때가 왔다는 생각이 들었기 때문이다. 세상의 가정이 붕괴되고, 가족끼리 도란도란 하루 일과를 나누며 웃음꽃 피우며 밥 먹던 모습이 점점 사라지고 있다. 텔레비전으로 먹방을 켜놓고 밥 먹는 사람들이 늘어나는 현실을 지나고 있다.

그렇다면 이제야말로 교회가 가족공동체로서의 기능을 회복해야 한다. 엿새 동안 외롭고 고독하고 삭막한 삶을 살아온 성도들이 주일날 교회에 와서 주 안에서 형제자매들을 만나 참 그리스도 안에서 가족공동체로서의 기쁨을 맛보게 해주어야 한다.

알랭 드 보통이 쓴 《불안》이라는 책이 있다. 저자는 이 책에서 사람에게 불안이 생기는 원인이 다섯 가지라고 주장한다. 첫 번째는 사랑 결핍, 두 번째는 속물근성, 세 번째는 기대, 네 번째는 능력주의, 다섯 번째는 불확실성이다.

그중에서 첫 번째 불안의 원인인 '사랑 결핍'에 대해 이런 설명을 한다. 인간이 이 땅에 태어나서 가장 먼저 받는 사랑의 원형이 부모로부터 받는 사랑이다. 아무 이유도 없고 무조건적으로 부어주는 원초적인 사랑이다. 허물을 탓하지 않고 기다려주고 참아준다. 그런 사랑을 받으며 자라다가 장성해서 사회로 나가면 '사회에서는 내가 부모에게서 받았던 이런 원천적인 사랑을 받을 수 없구나'라는 걸 직감하게 된다. 그래서 사람들이 이런 생각을 하게 된다는 것이다.

'내가 높은 지위에 올라야겠다. 높은 지위에 올라가서 이 사랑을 얻어내야겠다.'

그렇게 몸부림치게 된다는 것이다. 그런데 불행한 것은 우리가 그 과정에서 무엇을 자각하게 되는가? 높은 지위에 올라서 사랑받고 싶은데, 그 높은 지위에 올라갈 능력과 실력이 내게 없다는 뼈아픈 사실을 자각하게 된다. 그리고 그 과정에서 생기는 것이 '불안'이라는 것이다. 참 슬픈 이야기다.

이 세상과 사회는 그 사람의 지위 고하에 따라 사랑을 줄까 말까 생각하고 고민한다. 그렇다면 교회는 어때야 하는가? 교회는 하나님의 가족공동체이다. 그가 어떤 위치, 어떤 지위에 있든지 상관없이 그가 하나님의 형상을 닮은 하나님의 자녀라는 사실만으로, 예수님의 십자가로 말미암아 하나님의 자녀가 되었다는 사실 그 하나만으로 사랑을 부어주고 서로 사랑을 주고받는 공동체가 되어야 한다. 이것이 교회여야 한다.

우리 교회 성도 중에 간혹 선거에 출마하는 분이 있는데, 나는 그분들에게 늘 죄송하다. 왜냐하면 어떤 선거에 출마하든 간에 예배

광고 시간에 한 번도 소개해본 적이 없다. 그러다 보니 선거에 출마한 성도가 우스갯소리 삼아 "우리 교회에서는 자기 교회 성도가 출마해도 소개해주지 않는데, 인근의 다른 교회를 방문했더니 무슨 후보자 오셨다고 예배 시간에 일으켜 세워 인사시켜주고 환영을 해주더라"고 푸념을 늘어놓기도 한다. 그런 얘기를 들을 때마다 인간적으로는 참 죄송하다.

또 선거 기간만 되면 이름만 대면 알만한 유명한 정치가들이 많이 찾아온다.

"목사님, 인사드리러 왔습니다."

이렇게 찾아와서 예배 시간에 성도들에게 인사 시켜달라는 부탁을 하곤 하는데, 그 역시 지금까지 단 한 번도 허락해본 적이 없다. 물론 죄송하다. 그 바쁜 시간을 쪼개 여기까지 찾아왔는데, 성도들에게 소개하고 인사 한 번 하게 하는 게 뭐가 어렵다고 그냥 돌려보내는가? 이런 미안함이 있지만 그러나 나는 그렇게 할 수가 없다. 왜냐하면 교회란 그런 곳이 아니기 때문이다.

하나님의 가족공동체는 지위가 높은 사람이 왔다고 인사 시켜주고, 지위가 없는 사람이 왔다고 인사 안 시켜주는 곳이 아니다. 어느 집 엄마가 큰 아들은 고시 패스했다고 갈비 구워주고, 둘째 아들은 재수한다고 "넌 나가서 자장면이나 사 먹어"라고 하겠는가? 그런 엄마는 없다. 그러니 하나님을 아버지로 모시는 가족공동체인 교회는 세상에서 그가 어떤 위치, 어떤 지위에 있는지 따지면 안 된다.

우리 교회에 시무 장로님이 열일곱 분 계신데, 나는 그 분들이 어느 학교를 나왔는지, 고등학교만 나왔는지, 대학교를 나왔는지조차도 모른다. 물어본 적도 없고 알고 싶지도 않다. 내가 그걸 왜 알아야 하는가? 주 안에서 같은 형제자매이다.

교회가 하나님의 가족공동체로서 가져야 하는 조건은 딱 하나이다. 하나님의 형상을 닮은 자로 예수 그리스도를 영접하고 너무나 소중한 하나님의 지체가 되었다는 것, 이것 한 가지만 확인하고 서로 사랑하고 기뻐하는 곳이 바로 교회이다. 나는 우리 교회가, 또 한국의 모든 교회가 그런 교회가 되었으면 좋겠다. 그래서 교회 안에서 가족공동체로서 서로 사랑하고 섬기고 하나 되는 아름다운 일이 일어났으면 좋겠다.

대형교회의 딜레마, 소그룹으로 해결하다

나는 분당우리교회도 그런 교회가 되기를 꿈꾼다. 그런데 딜레마가 있다. 알콩달콩 하나님의 공동체로서 사랑을 나누기에는 교회의 규모가 너무 커져버린 것이다. 하나님의 자녀가 너무 많아서 형제들끼리 서로 모른다. 저 사람이 우리 누나인지, 형인지 알지 못한 채 지나친다. 가끔 가슴 아픈 이야기가 들릴 때가 있다.

"목사님, 교회 안에서 예배드릴 때는 너무 은혜가 되고 좋아요. 그런데 예배 끝나고 문 열고 밖에 나가면 아는 사람도 없고 인사해 주는 사람도 없어서 너무 외로워요."

이런 이야기를 들으면 너무 죄송하다. 그래서 민망한 마음에 이렇게 답한다.

"담임목사인 저도 외롭습니다. 저도 마찬가지입니다."

이게 우리의 딜레마다. 어떻게 하면 이 문제를 해결할 수 있을까 고민하고 또 고민했는데, 답은 하나다. 그런 사랑을 나누고 누릴 수 있는 규모가 작은 교회로 흩어질 수 있다면 더 좋겠지만, 그럴 수 없다면 소그룹 모임에 참여해야 한다. 소그룹 모임 안에서 하나님이 원하시는 가족공동체로서의 사랑의 원형을 나눠야 된다. 감사하게도 분당우리교회의 소그룹 모임인 '다락방'에서 순장들의 귀한 섬김으로 이런 일들이 아름답게 일어나고 있어서 하나님께 감사드린다.

우리 교회의 좋은 점 중에 하나인데, 부교역자들이 한번 부임하면 오래 함께 사역한다는 것이다. 성도들에게도 참 좋은 일이다. 교역자가 자주 바뀌면 정서적으로도 어려움이 될 텐데, 오래 함께해주니 감사한 일이다. 사실 교역자 입장에서 보면 우리 교회는 일이 적은 교회가 아닌데 왜 교역자들이 오래 머물고 싶은 교회가 되었을까? 이 질문을 던져보았더니 여러 이유 중에 결정적인 것이 아내들 때문이라고 한다. 아내들이 우리 교회 떠나는 것을 싫어한다는 것이다. 그럼 교역자 사모들은 왜 우리 교회 떠나는 것을 싫어할까?

바로 사모 다락방 때문이다. 분당우리교회의 좋은 전통 중 하나가 목회자 아내들이 6,7명씩 조를 짜서 소그룹 모임인 다락방을 진행한다는 것이다. 지도자인 순장도 임명하고, 말씀을 가지고 금요일마다 같이 모여 나눈다. 목회자 아내들이 얼마나 외로운가? 어디 낄 데도 없고 눈치 보이고 조심스러워서 늘 긴장 상태다. 그런데 '사모 다락방'에서 마음을 터놓고 그리스도 안에서 같이 교제하니 너무 행복하다는 것이다.

들어보니, 어느 사모님의 아버지가 편찮으시다고 하면 같이 울며 기도하고 심방을 가기도 하고, 또 어느 사모님이 출산을 했는데 친정어머니가 멀리 지방에 계시다고 하면 순장님이 친정언니처럼 먹을 것을 바리바리 싸가지고 찾아가서 도와준다고 한다. 이런 사랑의 공동체를 이루니 목회자 아내들이 이 교회를 안 떠나고 싶어 한다는 것이다. 그 집의 실세가 안 떠나고 싶은데 남편인 목회자가 어떻게 떠나겠는가? 참 아름다운 일이다.

이런 점은 부교역자들도 마찬가지다. 교역자들도 소그룹으로 팀을 만들어 선배가 후배에게 목회 경험도 나누어주며 교제하는 것을 장려한다. 왜 그렇게 해야 하는가? 주 안에서 사랑의 공동체로서 사랑을 나누는 데 소그룹만큼 좋은 것이 없기 때문이다. 그렇기 때문에 소그룹에 참여해야 한다.

예수님이 목회하셨던 방식도 마찬가지였다. 전 인류를 위하여 십자가를 지러 오셨지만, 예수님의 3년 공생애를 보면 전 인류를 상대하신 것이 아니다. 제자 열두 명을 뽑아 그들과 더불어 소그룹을 이루어 온 세상에 영향력 있는 제자들로 키우는 데 예수님의 역량이 집중되었다.

이것은 초대교회도 마찬가지다. 수천 명이 모이는 대그룹과 작은 가정교회 형태의 소그룹 모임이 병행되던 것이 초대교회였다. 게다가 대그룹은 정기적으로 정해진 모임이 아니라 필요할 때 일시적으로 모였고, 주로 가정 단위의 소그룹으로 퍼져나갔다.

이런 맥락에서 오늘날 교회가 하나님의 가족공동체로서의 기능을 온전히 회복하기 위해서는 소그룹이 살아야 한다. 지금 소그룹에 참여하고 있다면 그 안에서 더욱 풍성한 기쁨을 누리게 되기를 바란다. 또 아직 소그룹에 참여하지 않은 채 주일예배만 드리고 있는 분이 있다면 소그룹에 참여하고자 하는 마음이 일어나게 되기 바란다.

그러면 우리가 왜 소그룹에 참여해야 하는가? 크게 두 가지 이유가 있다.

외로움의 문제 해결

첫째, 소그룹 안에서 현대인의 고질병인 외로움의 문제가 해결되기 때문이다.

언젠가 우연히 어느 교회의 홈페이지에 들어가 본 적이 있는데, 그 교회에서 진행하고 있는 소그룹 모임에 대해 소개하는 코너에 큰 글씨로 이렇게 적어놓은 것을 보았다.

"나를 이해하는 단 한 사람이라도 있을 때, 우리는 외롭지 않습니다."

그러면서 부연 설명에는 이런 글이 있었다.

"소그룹 모임은 나의 이야기를 하는 곳입니다. 내 속에 있는 이야기를 하고 그 이야기를 들어주는 사람이 있는 곳, 그리고 함께 기도해주는 믿음의 동역자를 얻는 곳, 이곳이 바로 소그룹 모임입니다."

이것이 바로 내가 원하는 소그룹의 모습이기에 그 문구가 마음에 와 닿았다.

높은 지위에 있다고 혼자 말하고, 지위가 낮다고 말 한 마디 못한 채 남의 얘기만 들어주는 곳이 아니라 누구라도 상관없이 자신의 답답한 마음을 털어놓고 상대방의 이야기를 경청하는 것, 그리고 그 이야기들이 모아져 아버지 하나님께 기도로 올려지는 것이 소그룹의 모습이란 것이다.

교회가 왜 인간의 외로움의 문제를 해결해주는 곳이 되어야 하는가? 대답은 간단하다. 인간의 외로움을 궁극적으로 해결해주실 유일한 대안이 우리를 위하여 십자가를 지신 예수 그리스도이시며, 그분이 교회의 머리가 되시기 때문이다. 예수님이 우리의 죄를 대속해주시는 과정에서 겪으셨던 아픔을 다 알지 않는가? 예수님은 십자가에 달리셔서 고통 속에서 이렇게 외치셨다.

"나의 하나님, 나의 하나님 어찌하여 나를 버리셨나이까"(막 15:34).

주님은 십자가에 달려 인간의 죄 문제를 대속하시는 과정에서 철저하게 성부 하나님으로부터 소외당하시는 아픔을 겪으셨다. 그분은 친히 인간의 연약한 아픔을 눈물로 경험하셨기에 우리를 이해하시는 분이다.

하나님께서는 나를 목사의 자리에 세우시기 위해 이십대 초반의 어린 나이에 혹독한 소외의 자리, 눈물의 자리, 아픔의 자리로 몰고 가셨다. 그 당시에는 이유를 몰라 하나님께 대들고 삿대질하며 왜 이러시느냐고 반항하곤 했다. 그런데 지금 보니 그것이 내가 성도들의 아픔이 뭔지 모르고 눈물이 뭔지 모르는 삭막한 목사가 되지 않도록 하나님이 나를 훈련시키신 것이었다.

우울증에 걸려 힘들어하는 어린 학생을 위하여 없는 시간을 쪼개어 맛있는 것을 사주고 힘내라고 격려해줄 수 있는 힘의 원천은 그 아이가 얼마나 힘들지를 알기 때문이다.

우리가 예수 그리스도 앞으로 나아가 우리의 외로움과 소외감의 문제를 내어놓고 눈물로 기도하면 그분은 외면하지 않으신다. 소그룹은 바로 그 주님을 함께 손잡고 나아가 만나는 모임이며 공동체이다.

함께 힘을 얻는 곳

나는 우리 교역자들과 교제를 하면서 참 이상한 것을 경험한다. 우리 교회는 화요일 이른 아침에 전교역자들이 모인다. 한 주를 시작하기 전에 먼저 교역자들이 모여서 같이 의논하고 기도하는 시간을 갖는 것이다. 그 시간이 내겐 참 소중하다. 내가 젊은 교역자들에게 목회가 뭔지 가르치고 설명하고 또 때로는 성도를 그렇게 대하면 안 된다고 혹독하게 야단도 치고 또 수고한다고 격려하기도 한다. 그래서 화요일 교역자 모임은 내가 우리 교역자들로부터 공급받는 시간이 아니라 퍼주는 시간이다. 그래서 많은 교역자들이 인사말이겠지만 "목사님, 화요일 이 시간은 꼭 저희가 제자훈련 받는 것 같습니다. 힘드셔도 이 시간을 많이 활용해주세요. 바쁘시더라도 꼭 이 시간은 빼먹지 않으셨으면 좋겠습니다"라고 이야기한다.

그런데 희한한 것은 분명히 모양새는 내가 다 퍼주는 시간인데 그날 그렇게 후배 교역자들과 시간을 보내고 나면 내가 먼저 치유가 된다. 사실 이 시대에 담임목사로 산다는 것은 그 자체로 힘든 일이다. 그런데 그 시간을 보내고 나면 내가 따로 뭘 받지 않아도 내 영이 치유가 되고 회복이 된다. 왜 그럴까?

이것이 바로 소그룹의 힘이다. 소그룹은 일방적으로 누가 누구에게 퍼주는 시간도 아니고, 일방적으로 그것을 받는 시간도 아니다. 상호간에 서로 사랑하고 교제하는 가운데 같이 힘을 얻어 가는 시간인 것이다.

엘리야를 한번 생각해보자. 요즘으로 치면 엘리야가 우울증 같은 것에 걸렸다. 로뎀나무 아래 털썩 주저앉아 자살충동을 느끼며 죽고 싶다고 하고 있는데, 하나님이 그에게 처방해주신 것이 무엇이었는가? 한 상 잘 차려주시며 '이것 먹고 힘내'라고 하신 것도 있지만, 궁극적으로 엘리야가 회복되는 가장 중요한 포인트를 아시고 하나님이 주신 대안이 있다.

'넌 혼자가 아니야. 아직도 남겨진 7천 명이 있어.'

오늘 이 땅에서 그리스도인으로 살아간다는 것 자체가 소외 아니는가? 주위를 둘러보면 다 하나님을 배교하는 것 같고, 온 세상이 다 하나님을 대적하는 것 같은 절망을 느낄 때가 많다. 이럴 때 소그룹 모임에 가보면 그곳에 하나님이 남겨주신 7천 명이 있음을 보게 된다.

다 썩은 것 같고 다 엉망인 것 같지만, 아니다. 여전히 하나님을 진심으로 사랑하는 신실한 자녀들, 순수한 믿음의 동역자들이 얼마나 많이 남아 있는가를 그 안에서 확인할 것이다. 바로 이것이 소그룹의 기능이다. 영육간의 고독과 외로움의 문제를 아시는 주님이 주신 선물이 바로 소그룹이다.

성장과 성숙을 위한 길

둘째, 우리가 소그룹에 참여해야 하는 이유는, 그것이 성장과 성숙을 위한 길이기 때문이다.

앞에서 소그룹에 참여하는 첫째 이유가 외로움의 문제를 해결할 수 있기 때문이라고 했는데, 사실 우리는 다 안다. 순장이 아무리 정성을 다해 섬겨줘도, 순원들이 아무리 마음을 다해 잘해주어도 내 안에 있는 근본적인 외로움은 누가 섬겨준다고 해서 해결될 문제가 아니다. 그렇기 때문에 소그룹의 기능이나 목적이 외로움의 문제 해결에만 국한된다면 반드시 문제가 발생한다.

결혼도 마찬가지다. 외로워서 결혼하면 그 가정은 어려워진다. 결혼하면 외로움이 없어질 줄 알고 아무하고나 결혼하면 큰일 난다. 결혼해도 외로움은 안 없어진다. 결혼이라는 것은 주 안에서 내가 그 외로움의 문제, 고독의 문제를 해결하고 홀로 설 수 있는 성숙함이 있을 때 하는 것이다.

그렇기 때문에 소그룹은 만날 주변 사람에게 위로받기 위해 가는 곳이 아니다. 내 고독과 외로움의 문제를 주님 안에서 진정으로 해결하기 위해선 내가 더 성장해야 한다. 더 성숙해져야 한다. 이 목표를 가지고 나가는 것이 소그룹이다. 그래서 우리는 하나님의 말씀을 매개로 하여 소그룹 안에서 교제하는 것을 절대로 포기하면 안 된다. 소그룹은 영적으로 내가 성숙해지는 것을 추구하는 곳이다.

옥한흠 목사님이 쓰신 《길》이란 책에 이런 대목이 있다.

소그룹은 사람들의 태도와 가치관과 성격에 새로운 변화를 일으키는 중요한 역할을 한다. 하나님의 자녀들이 소그룹에서 말씀을 중심으로 영적인 깊은 교제를 나누면 성령께서 그들을 치료하는 일을 하신다. 소그룹은 성령이 사용하시는 자연스러운 채널이다.

소그룹은 우리끼리 알콩달콩 재미나게 잘 지내는 것도 중요하지만, 무엇보다 더 중요한 것은 성령님이 함께하는 공동체란 사실이다. 그래서 내가 마음을 열고 나를 드러내 보일 때, 저 사람이 마음을 열고 자기를 오픈할 때 그 교제 속에서 성령의 역사가 일어난다. 우리가 속한 소그룹 안에서 이런 성령의 역사가 일어나기를, 우리를 치유하고 회복시키고 성숙하게 하고 성장하게 하는 일들이 더욱 풍성하고 아름답게 일어나기를 바란다.

나는 분당우리교회에서 하고 있는 다락방 모임 안에서도 이런 일들이 실제로 일어나고 있는지 궁금했다. 그래서 전체 교역자에게 다락방 안에서 일어나는 치유와 변화, 성숙이 있는지 그런 사례가 있으면 메일로 보내주길 부탁했다. 얼마나 많은 메일이 쏟아져 들어왔는지 모른다. 예를 들면 이런 내용이다.

어느 오십 대 초반의 미혼 자매의 사연이다. 그녀는 부모님이 일찍 돌아가셔서 남동생들 뒷바라지를 하느라 정작 본인은 혼기를 놓쳤다. 그래서 결혼을 못하고 독신으로 살고 있었는데, 그 마음의 우울함, 고독감으로 우울증이 왔다. 얼마나 심하게 왔는지 병원에 입원해야 했을 정도라고 한다. 한때는 불교에 심취하여 비구니가 되고자 산에 올라간 적도 있다고 한다. 그런데 산에 올라가서도 인생의 허무함을 극복할 수 없어서 도로 내려왔는데, 그 후에 어찌어찌하여 분당우리교회에 출석하게 되었고, 다락방에 참여하게 되었다. 담당 전도사님이 그 분을 사랑의 마음으로 잘 섬겼다. 다락방에서 순장과 순원들과 교제하는 가운데 육신적인 외로움의 문제가 사랑으로 회복되었을 뿐만 아니라 영적으로도 회복되었다.

또 다른 예로 이런 일도 있었다. 이분도 오십 대의 여자 분인데,

결혼하여 자녀가 있는 분이었다. 그 분의 자녀가 심한 사춘기를 겪으면서 가출을 하는 등 말로 다 못할 마음고생을 많이 겪었다. 엎친 데 덮친 격으로 남편과 불화까지 생겨 별거를 하게 되었다. 결혼한 주부에게 이것만큼 큰 고통이 어디 있겠는가? 그런데 이분 역시 다락방에 참여해서 다락방 식구들과 울고 웃고 하면서 치유해가고 있다고 한다.

남자 성도들도 마찬가지다. 남자 성도들 중에 어릴 때 받은 상처로 힘들어하는 분이 있는가 하면, 술과 도박에 빠진 아버지 때문에 치유 받기 힘들 정도로 큰 상처를 받은 분도 있다. 서로의 삶을 나누다 보면 상처 없는 사람이 아무도 없음을 알게 된다. 그런가 하면 직장에서 이런 저런 애환과 고충으로 힘들어하는 분이 생각보다 많다는 걸 알게 된다. 그런 분들이 소그룹으로 모임을 가지면서 '나만 힘든 게 아니구나. 우리나라 남자들이 다 힘들구나' 하는 걸 알게 된다. 그러면서 거기서 힘을 얻고 위로를 받고, '한 번 더 힘을 내봐야겠다'고 결단하게 되는 일들이 일어난다고 한다. 또한 교제하는 가운데 중독에서 벗어나기 위해 몸부림치며 치유해가는 케이스들도 많다고 한다.

이런 이야기들을 전해들을 때마다 얼마나 기쁜지 모른다. 교회 안의 모든 소그룹 안에서 이런 치유와 변화, 성장과 성숙이 성령의 역사하심 아래 일어나게 되기를 구한다.

함께 모여 나눌 때 성령님이 치유하신다

우리 교회의 여 전도사님 중에 상담을 전공하신 분이 있다. 그 분이 어느 날 이런 이야기를 했다. 자기가 전문가로서 보니 우리 교회의 다락방에서 치유의 효과가 많이 나타난다는 것이다. 그것은 멤버 중에 상담 전문가가 있어서 일어나는 현상이 아니라는 것이다. 그럼 이런 변화와 치유가 일어나는 이유가 무엇인가? 대답은 간단하다. 성령님이 함께하시는 공동체 안에서 서로가 마음을 열고 나눌 때, 그 안에서 치유의 효과가 뒤따른다는 것이다.

청소년 사역을 할 때 나도 이런 일을 많이 겪었다. 나는 상담 전문가가 아니다. 상담을 공부한 적도 없다. 그런데 10년간 청소년 사역을 하면서 얼마나 많은 아이들이 나와 상담하면서 치유가 되었는지 모른다. 나는 전문가가 아니기에 할 수 있는 것은 딱 하나, 밥 사 먹는 것밖에 없었다. 아이들에게 아무리 말로 "예쁘다, 사랑한다" 해줘도, 그 아이들은 거기서 위로를 못 받는다. 그러나 떡볶이 1인분만 사주면 위로 받는다. 매일 학원을 찾아다니고 학교 앞에서 기다리다가 아이들 모아서 치킨 사 먹이는 일을 10년간 했다. 그렇게 모여서 잡담 몇 마디 나누는데 회복이 일어났다.

심지어는 진짜 이상한 일도 경험했다. 당시 나는 아이들을 사랑하고 도와주고 싶은 마음이 너무 커서 주보에 내 전화번호를 남겨 놓았다. 핸드폰이 없던 시절이라 매주 이렇게 광고를 했다.

"너희들 힘든 고3 생활 보내고 있는데 전도사님은 혼자 사니까

(그때가 삼십 대 초반 총각시절이었다) 24시간 아무 때나 전화해도 된다. 주저하지 말고 언제든지 전화해라. 밤늦게라도 필요하면 꼭 전화해라."

어른들은 이렇게 광고해도 체면이 있어서 너무 늦게는 전화를 안 한다. 그런데 아이들은 한다. 새벽 1시에도 전화하고, 2시에도 전화하고, 3시에도 전화한다.

한번은 새벽 3시 반쯤 잠에 깊이 빠져 있는데 전화가 왔다. 비몽사몽간에 전화를 받았는데도 잠이 안 깼다. 그 녀석이 전화를 해서는 이렇게 물었다.

"전도사님, 주무세요?"

속으로 '너 같으면 이 시간에 뭐 할 거 같으니?'라고 생각하면서도 말은 못하고 "아니" 하고 대답했다. 그렇게 잠이 덜 깬 상태로 아이와 통화를 했다. 아이가 막 울었다. 오죽 답답하면 그 시간에 전화를 했겠는가? 그리고 자기 이야기를 풀어놓는데 나는 그 아이의 말에 장단만 맞추어주었다.

"어, 어, 어."

추임새만 넣어준 것이다. 그러다가 또 깜박 잠이 들어 반응이 없으면 아이가 묻는다.

"주무세요?"

그러면 난 또 "아니" 하고 대답했다. 이렇게 긴 시간 대화를 했다. 나는 잠에 취해서 아무 말도 해준 것이 없었다.

그랬는데 그 다음 주에 희한한 일이 벌어졌다. 그 아이의 엄마가 고급스런 넥타이를 선물해주며 이런 이야기를 전해주었다.

"전도사님, 그날 밤 저희 아이한테 무슨 상담을 해주셨어요? 전도사님과 상담하고 문제가 다 해결되어서 표정이 달라지고 너무 좋아졌어요."

그날 밤 내가 해준 것은 아무것도 없었다. 그때 내가 깨달은 것이 있다. 주 안에서 만난 형제자매가 사랑하는 마음으로 나누는 대화에는 답을 안 줘도 성령님이 치유해주시는 약효가 있다는 것이다.

우리 교회 안에 이 약효가 흘러넘치기를 바란다. 상담 전문가여서, 문제를 해결해주어서 도움을 주는 게 아니라 그리스도 안에서 사랑하는 그 마음이 상대방의 상처를 치료해주는 능력이 된다는 것을 경험하고 맛보는 소그룹이 되기를 바란다. 나는 모든 소그룹 모임이 이런 치유의 공동체로서의 꿈을 꾸길 원한다.

2차 엑소더스를 꿈꾸며

언젠가 우리 교회의 청년부를 담당하는 교역자가 장문의 메일을 보낸 적이 있다. 그 메일을 읽고 감동을 많이 받았다. 젊은 교역자가 청년부에 부임했는데, 나이가 많은 그룹이었다. 다들 결혼 문제로 씨름하고 있었고, 공동체가 전체적으로 어둡고 힘들어했다고 한다. 그래서 이분이 청년부 리더들을 데리고 워크숍을 갔다.

밤늦게까지 청년부 공동체가 어떻게 하면 주 안에서 능력 있는 공동체가 될 것인가 토론하던 중에 용어를 하나 만들었다. '1차 엑소더스(exodus, 출애굽), 2차 엑소더스'라는 것이었다. 그런데 엑소더스는 한 번밖에 없는데 1차가 어디 있고, 2차가 어디 있는가? 설명하기를 내용이 이랬다.

애굽에서 종살이하다가 홍해를 건너서 광야로 넘어온 것이 '1차 엑소더스'이다. 그런데 거기서 머무는 게 목표가 아니기 때문에 광야를 벗어나기 위해 40년을 헤매다가 요단강을 건너 가나안으로 들어가는 것을 '2차 엑소더스'라고 이름 지었다. 나그네 인생길은 1차 엑소더스, 즉 광야길이다. 그래서 2차 엑소더스를 꿈꾸는 청년부가 되기로 했다는 것이다.

그러면서 이런 이야기를 했다. 노아가 홍수를 앞두고 방주로 들어갈 때가 1차 엑소더스라는 것이다. 그러나 노아는 방주에 머무는 것이 목표가 아니었다. 방주에서 나오는 2차 엑소더스가 필요했다는 것이다. 그러면서 이것을 자기들의 삶에 적용해서 이렇게 정의했다. 1차 엑소더스는 '되는 것', 2차 엑소더스는 '다워지는 것'이라고 말이다. 1차와 2차를 '되는 것'과 '다워지는 것'으로 구분했다.

목사 되는 것은 1차 엑소더스, 쉬운 일이다. 그런데 목사다워지는 것, 2차 엑소더스는 어려운 일이다. 크리스천이 되는 것은 1차 엑소더스, 쉬운 일이다. 공짜로 구원 받았기 때문이다. 그러나 2차 엑소더스, 크리스천다워지는 것은 어려운 일이다. 남편 되는 것, 나이 차서 결혼하면 저절로 된다. 그러나 남편다워지는 것은 어렵다.

아버지 되는 것, 자식을 낳으면 저절로 된다. 그러나 아버지다워지는 것은 어려운 일이다. 그러면서 "2차 엑소더스가 우리 청년부의 꿈입니다"라고 말했다. 정말 귀한 꿈 아닌가?

나는 우리 소그룹 모임이 이런 2차 엑소더스를 꿈꾸는 모임이 되기를 원한다. 크리스천다워지는 것, 어머니다워지는 것, 목사다워지는 것을 꿈꾸며 소그룹 안에서 서로가 서로를 도와주고, 철이 철을 날카롭게 하듯이 그렇게 나아가기를 바란다. 또한 에베소서 4장 13,14절 말씀을 구현하는 공동체가 되기를 바란다.

> 우리가 다 하나님의 아들을 믿는 것과 아는 일에 하나가 되어 온전한 사람을 이루어 그리스도의 장성한 분량이 충만한 데까지 이르리니 이는 우리가 이제부터 어린아이가 되지 아니하여 사람의 속임수와 간사한 유혹에 빠져 온갖 교훈의 풍조에 밀려 요동하지 않게 하려 함이라 엡 4:13,14

이 목표가 소그룹 안에서 구현되고 이루어졌으면 좋겠다. 진정한 가족공동체로, 사랑의 원형을 회복하여 외로움의 문제가 해결되고, 더 성장하고 성숙하여 서로가 서로를 섬기는 복된 교회들이 되기를 바란다.

디모데전서 4장 7, 8절
망령되고 허탄한 신화를 버리고 경건에 이르도록 네 자신을 연단하라 육체의 연단은 약
간의 유익이 있으나 경건은 범사에 유익하니 금생과 내생에 약속이 있느니라

09
경건을
연습하라

제자로서의 첫걸음

더 성숙한 그리스도인으로서, 또 예수 그리스도의 제자로서 삶을 살도록 하기 위해 많은 교회들이 여러 가지 훈련 프로그램을 진행한다. 분당우리교회에서도 각각 1년 과정으로 제자훈련과 사역훈련을 진행하고 있는데, 매년 이 훈련을 통해 많은 성도들이 더 깊이 예수님을 만나고 제자로서의 삶을 살고자 몸부림치는 시간을 갖는다.

그런데 사실 제자훈련은 1년 간 특별한 훈련을 받고 수료한다고 모든 과정이 끝나는 것이 아니다. 수료가 끝이 아니라, 오히려 시작이다. 수료는 주님의 제자의 길로 들어가는 첫 관문이며, 앞으로 평생을 제자훈련의 삶을 살아야 하는 것이다.

그렇다면 우리가 평생 제자로서의 삶을 살아가기 위해 꼭 기억해야 할 것들은 무엇인가?

디모데전서 4장 7,8절을 보자.

> 망령되고 허탄한 신화를 버리고 경건에 이르도록 네 자신을 연단하라 육체의 연단은 약간의 유익이 있으나 경건은 범사에 유익하니 금생과 내생에 약속이 있느니라 딤전 4:7,8

이 말씀을 중심으로, 제자의 삶을 살아가기 위해 꼭 기억해야 할 세 단어를 정리해보았다.

경건에 이르라

첫째로 제자의 삶을 살아가기 위해 기억해야 할 첫 번째 단어는 '경건'이다.

디모데전서 4장의 구조를 보면, 1-5절에서는 바울이 거짓 교사들의 가르침을 경계하고, 6절부터는 제자 디모데에게 경건에 대해 강조하는 말씀이 나온다.

먼저 1-5절에 나오는 거짓 교사들이 전하려는 메시지의 내용을 보자.

> 그러나 성령이 밝히 말씀하시기를 후일에 어떤 사람들이 믿음에서 떠나 미혹하

는 영과 귀신의 가르침을 따르리라 하셨으니 자기 양심이 화인을 맞아서 외식함으로 거짓말하는 자들이라 딤전 4:1,2

이 미혹하는 거짓 교사들이 무엇을 가르치는가?

혼인을 금하고 어떤 음식물은 먹지 말라고 할 터이나 음식물은 하나님이 지으신 바니 믿는 자들과 진리를 아는 자들이 감사함으로 받을 것이니라 하나님께서 지으신 모든 것이 선하매 감사함으로 받으면 버릴 것이 없나니 딤전 4:3,4

거짓 교사들이 가르치는 내용들의 특징을 보면, 그들은 금하는 것, 즉 '이것도 하지 말고, 저것도 하지 말고' 하면서 'not to do'(하지 말아야 할 것)를 강조한다.

그에 반해 바울은 5절부터 우리가 하나님의 성숙한 지도자로 나아가기 위해 '해야 하는 것'들을 열거하는데, 'not to do'를 강조하는 거짓 교사의 가르침과 상반되는 메시지이다. 7절을 보자.

망령되고 허탄한 신화를 버리고 경건에 이르도록 네 자신을 연단하라 딤전 4:7

여기에 나오는 '경건'은 헬라어로 '유세베이아'인데, 이것은 '좋다'라는 뜻의 '유'와 '참여하다'라는 뜻의 '세베이아'의 합성어이다. 그래서 '경건'을 원어 그대로 직역하면 '잘 참여하다'라는 뜻을 가지고 있다.

이런 맥락에서 7절에 나오는 '경건'은 두 갈래로 그 의미를 살펴볼수 있다. 하나는 '하나님의 성품에 참여하라'는 뜻으로 해석할 수 있다. 하나님을 닮아가고자 하는 내적인 동기가 강조되는 차원에서의 해석이 '하나님의 성품에 참여하라'이다.

그런가 하면 또 하나는 '하나님의 성품에 참여하라'보다 한 걸음 나아가서 좀 더 능동적으로 '하나님의 일에 참여하라'로 해석할 수 있다.

우리가 알고 있는 경건은 전자에 더 가까운 것 같다. 그래서 우리는 경건을 뭔가 더 정적인 것으로 생각하는 경우가 많다. 그러나 그런 정적인 측면은 경건이 가진 한 단면이다. 성경이 말하는 경건의 조화는 정적인 측면을 강조하는 'to be'(~이 되라)와 보다 능동적인 측면을 강조하는 'to do'(~을 하라)의 양쪽 측면으로 모두 해석되어야 한다. '하나님의 성품에 참여하라'는 차원의 경건도 있지만, '하나님의 일에 참여하라'는 차원의 경건도 있다는 것이다.

그래서 앞에서 언급한 거짓 교사들의 가르침은 'not to do', 즉 '이것도 하지 말고 저것도 하지 말라'는 소극적인 태도를 가르치는 것이라면, 바울이 제자 디모데에게 가르치고자 하는 참 지도자의 모습은 그렇게 자기를 방어하고 소극적인 태도를 취할 것이 아니라 보다 적극적으로 하나님의 성품에 참여하고 하나님의 일에 동참하려고 하는 태도를 담고 있다는 것이다.

우리는 이 균형을 갖춘 '경건'으로 말미암아, 성품적으로 주님을 닮아갈 뿐만 아니라 이 악한 시대에 보다 적극적으로 주님의 선한 일에 동참할 수 있어야 한다.

네 자신을 연단하라

그런가 하면 제자의 삶을 살기 위해 두 번째로 기억해야 하는 단어는 '연단'이다.

7절에 보니 "망령되고 허탄한 신화를 버리고 경건에 이르도록 네 자신을 연단하라"라고 되어 있는데, 여기 나오는 '연단'은 헬라어로 '짐나죠'이다.

이 단어는 고대 운동선수들이 가벼운 옷을 입고 훈련에 임하는 장면을 묘사할 때 쓰이던 단어라고 한다. 그래서 영어성경을 보면 "네 자신을 연단하라"고 할 때 'train(훈련하다)', 'exercise(연습)', 'discipline(훈육)' 등의 단어가 쓰인다. 즉, 앞에서 언급한 '경건'이 반복되는 훈련을 통해서만 이루어지는 것을 강조하기 위해 '연단'이란 단어가 쓰이고 있는 것이다.

다시 말해서 우리가 하나님의 성품에 참여하고 하나님의 거룩한 일에 동참하는 것은 굉장히 중요한 요소인데, 그것들은 저절로 습득되고 얻어지는 것이 아니라 많은 노력과 훈련을 통해서 얻어진다는 것을 강조하는 것이 '연단'이란 단어이다.

히브리서 5장 14절에 이런 말씀이 있다.

단단한 음식은 장성한 자의 것이니 그들은 지각을 사용함으로 연단을 받아 선악을 분별하는 자들이니라 히 5:14

여기서 강조하는 것이 무엇인가? 말씀과 묵상을 통해, 혹은 정기적인 사랑의 실천이라는 훈련을 통해 '선악을 분별하는' 성숙과 경건에 이를 수 있다는 것이다. 그래서 우리가 무슨 훈련 마쳤다고 '이제 다 끝났다' 하고 조금만 마음을 놓으면 금방 옛날로 돌아가 버린다.

나는 요요현상이 참 슬프다. 살을 빼기 위해 애를 써본 사람은 다이어트가 얼마나 힘든 일인지 다 알 것이다. 음식 조절부터 시작해서 말로 다할 수 없는 애씀과 수고가 있어야 살이 빠진다. 그런데 그렇게 애써서 뺀 살이 원상복귀 되는 데는 큰 수고가 필요 없다. 조금만 방심하면 금방 원래대로 되돌아가버리는 것이 슬픈 우리 살의 현실이다.

그런데 영적인 부분은 더 심하다. 보이지 않는 영역이기 때문에 조금만 방심하면 금방 원래대로 되돌아가버린다. 얼마나 애써서 쌓아놓은 경건 훈련인데, 그렇게 순식간에 되돌아가버리면 허무하기 이를 데 없다.

다이어트를 두세 번 실패하고 나면 다시 시도할 의욕이 잘 안 생기는 것처럼 영적인 부분도 마찬가지다. 이런 요요 현상을 몇 번 반복해서 경험하게 되면 더 이상 힘을 낼 의욕조차 잘 안 생기는 것이 현실이다. 그렇기 때문에 부단한 노력을 통해 경건의 훈련이 지속되도록 애써야 한다. 이런 차원에서 '연단'이라는 단어를 꼭 기억해야한다.

믿는 자에게 본이 되라

마지막 세 번째로 제자의 삶을 살기 위해 기억해야 될 단어는 '본(本)'이다. 12절을 보자.

누구든지 네 연소함을 업신여기지 못하게 하고 오직 말과 행실과 사랑과 믿음과 정절에 있어서 믿는 자에게 본이 되어 딤전 4:12

12절 말씀을 좀 더 구체적으로 부연 설명한 곳이 16절이다.

네가 네 자신과 가르침을 살펴 이 일을 계속하라 이것을 행함으로 네 자신과 네게 듣는 자를 구원하리라 딤전 4:16

바울은 지금 제자 디모데에게 본이 되는 지도자가 되기 위한 두 가지 조화를 가르치고 있다. 본이 되는 지도자가 되기 위해서는 성도들을 향한 가르침이 필요하다. 가르침은 주로 언어로, 입술로 전해지지 않는가? 목사인 내가 마이크 들고 강단에서 늘 설교하는 것처럼 말이다.

그런데 16절에서 부연하기를, 본이 되는 지도자가 되기 위해서는 그렇게 말로만 가르쳐서는 안 된다고 한다. 강단에서, 조명 아래서 마이크 들고 말만 해서는 안 된다는 것이다. 그럼 무엇이 필요한가? 16절을 다시 보자.

"네가 네 자신과 가르침을 살펴 이 일을 계속하라 이것을 행함으로 네 자신과 네게 듣는 자를 구원하리라."

성도들을 향한 가르침과 그 가르침을 뒷받침할 수 있는 지도자의 삶이 뒤따라야 한다는 것이다. 그래서 이 두 가지 조화를 통해 본이 되는 삶이 이루어진다는 것이다.

언젠가 사역훈련을 받는 엄마의 모습을 지켜본 초등학교 1학년 아이가 '우리 엄마'란 제목으로 간증을 한 적이 있다. 훈련 받는 엄마의 모습을 아이의 시선으로 솔직하게 담아냈다. 그 내용이 참 귀엽기도 하고 은혜가 되기도 했다. 일부만 인용해보자.

지금부터 우리 엄마에 대해 이야기하겠습니다. 저는 지난 2년 동안 엄마가 무엇을 하는지 옆에서 지켜보았습니다. 훈련을 하면서 엄마가 달라진 점입니다.

우리 엄마는 차 안에서와 집에서 찬양을 틀고 따라 불렀습니다. 예전에는 차에서 동화를 틀어줬는데 이제는 찬양을 듣느라 동화를 못 들어서 슬펐습니다. 그리고 그 뒤에는 로마서 8장을 계속 틀면서 반복했습니다. 그래서 찬양보다 더 지루했습니다.

그리고 우리 엄마는 내가 잘 때 옆에 앉아서 핸드폰으로 30분 알람을 맞추고 기도를 하였습니다. 기도하면서 내가 잘못한 이야기를 했을 때는 나도 같이 울었습니다. 왜냐하면 내가 잘못했는데 엄마가 기도를 해주었기 때문입니다. (중략)

또 엄마는 매일 숙제를 했습니다. 내가 집에서 숙제할 때 옆에서 엄마도 숙제를 합니다. 공부를 하는 엄마를 보고 예수님과 하나님을 아주 사랑한다는 느낌이 들었습니다.

하지만 나는 커서 제자훈련, 사역훈련을 하기 싫습니다. 목사님의 말씀과 예배는 좋은데 숙제가 너무 많아 힘들 것 같습니다. 어른은 공부 안 해도 되는데 열심히 공부하는 엄마는 참 훌륭한 사람인 것 같습니다.

이 아이 눈에 비쳐지는 엄마의 모습이 바로 본을 보여주는 모습이다. 그래서 아직 어린 이 아이가 다 이해할 수는 없지만, 자기 엄마가 하나님 앞에서 뭔가를 굉장히 애쓰고 있다고 하는 것이, 예수님과 하나님을 아주 사랑하는 것 같은 그 삶의 본이 아마도 이 아이의 머릿속에 평생 각인될 것이다. 훈련을 받으며 그런 본을 보여주는 모습이 자녀에게 더할 수 없는 아름다운 신앙교육이 된 것이다.

우리는 다 우리의 경건과 연단과 가르침이 묻어나는 삶으로 믿는 자들의 본이 되는 삶을 살아야 한다. 그러기 위해 경건과 연단과 본, 이 세 단어를 늘 머리에 담고 마음에 새겨서 제자로서의 삶을 살아가게 되기를 바란다.

생명을 살리는 교회

언젠가 교회에서 진행하던 제자훈련과 사역훈련의 수료식이 있던 날, 한 가족이 나를 찾아왔다. 사역훈련을 받으셨던 집사님의 가족이었다. 그 분에게 무슨 일이 있었는가 하면, 사역훈련 마지막 시간이었다. 그날 내가 연합특강으로 마무리 강의를 하고 있었는데, 마침 내가 그 분이 계신 쪽을 보고 있을 때 갑자기 그 분의 눈이 풀리더니 스르륵 하면서 쓰러지셨다.

갑자기 일어난 일에 주변 분들이 술렁술렁 하고, 상황이 좀 심각한 것 같아서 가봤더니 눈이 다 풀리고 호흡도 안 되시는 것 같았다. 굉장히 위급한 상황이었다. 강의를 중단하고, 현장에 의사 두 분이 계셔서 도움을 받았다. 응급조치를 하는 동안 나머지 분들과 나는 쓰러진 집사님을 위해 다급하게 중보기도를 했다. 기도를 마치고 둘러보니, 많은 분들이 눈물을 흘리며 그 분을 위해 간절히 기도하고 있었다.

그렇게 응급조치를 취하고 119 구급차가 와서 병원으로 모시고 가는 것까지 확인하고 나서야 강의를 마무리할 수 있었다. 그 후 쓰러지셨던 집사님이 교회 홈페이지 게시판에 글을 하나 올리셨다. 그 글을 인용해보자.

그때 저의 혈압은 40/30이었습니다. 또한 맥박이 20까지 떨어지는 쇼크가 두 번이나 왔습니다. 더욱 심각한 것은 평소에도 좋지 않았던 신장 기능이 정지되어 소변이 7시간 동안 배출되지 않았습니다. 담당의사 선생님은 지금 당장 투석하지 않으면 오늘 밤 안으로 사망한다고 단호하게 말했습니다.

일반 투석 시간이 3,4시간인 것에 비해 저는 특수투석(24시간)을 필요로 했고, 1회로도 부족하여 3,4일 이상 풀로 투석해야 할 것이라고 추정하였습니다. 그렇게 응급실에서 MICU(내과중환자실)로 옮겨졌고, 몸에 수많은 호스들을 덕지덕지 붙인 채 특수투석을 받았습니다. 그날 밤 하나님께서는 제 몸의 모든 장기를 고치기 시작하셨습니다.

기나긴 혼자만의 싸움을 쉼 없는 기도로 채워나간 지 10시간 만에 기적적으로 투석은 종료되었고 신장을 비롯하여 심장과 모든 장기들이 정상으로 돌아왔습니다. 투석 후 혹시나 모를 이상에 대비해 특수검사까지 했는데도 아무런 이상이 없어 응급실로 이송된 지 6일만에 퇴원하였습니다.

이런 글을 올리셨는데, 너무 감사해서 6개월 된 손자까지 데리고 온 가족이 함께 찾아오신 것이었다. 기도를 해드리고 그 분이 가시고 난 뒤에 이런 질문이 나왔다.

'왜 사역훈련 마지막 시간에 이런 일이 벌어졌을까?'

담당의사가 응급조치를 하지 않으면 오늘 밤 안으로 사망한다고 단호하게 말했던 것으로 봤을 때, 그날 사역훈련 특강을 하지 않았다면 그 분은 어떻게 되었을지 아무도 모른다. 집에서 쓰러졌다면 가족들은 전문가가 아니기 때문에 응급조치를 제대로 할 수 없었을 것이다. 운전하다가 그런 일이 일어났다면 그건 더 말할 필요도 없이 위험한 상황이다.

이런 생각을 하니 마음에서 감사가 나왔다. 그리고 여기에 하나님이 주시는 깊은 교훈의 메시지가 담겨 있는 것 같았다. 그래서 기도를 드렸다.

"하나님, 제가 깨달은 이 교훈과 메시지를 우리 훈련생과 더불어 구현해가도록 하겠습니다."

그렇다면 이 일을 통해 내가 깨달은 교훈이 무엇인가? 그것은 바로 "즐거워하는 자들과 함께 즐거워하고, 우는 자들과 함께 울라"라는 로마서 12장 15절 말씀이다. 함께 말씀을 나누다 갑자기 쓰러지셨던 그 성도처럼 죽어가는 사람을 살리는 영적 심폐소생술이 가능한 교회, 누군지도 잘 모르는 지체의 회복을 위해 눈물 흘리며 기도드리는 교회, 그런 교회가 되어야겠다는 것이었다.

훈련이란 바로 이런 성숙한 일들이 가능하도록 돕기 위한 것이었다. 교회 안에 이처럼 잘 훈련 받은 성숙한 성도들이 많아져서 영육간에 생명을 살리고 사람을 살리는 일에 '본'이 되는 교회가 되기를 바란다. 그래서 우리가 다 이 같은 기도의 고백을 올려드리게 되기를 바란다.

"내 평생 이 은혜에 동참할 수 있는 하나님의 배려와 사랑을 마음에 담고, 호흡이 다하는 그날까지 아름다운 생명을 살리는 일에 쓰임 받는 하나님의 일꾼이 되기를 바랍니다."

그것을 위해 '경건'과 '연단'과 '본', 이 세 단어를 마음에 품고 이 교회와 교회를 뛰어넘어 곳곳에서, 우리를 필요로 하는 그곳에서 예수님의 제자로서의 삶을 살아가는 우리 모두가 되었으면 좋겠다.

디모데후서 3장 13-17절

악한 사람들과 속이는 자들은 더욱 악하여져서 속이기도 하고 속기도 하나니 그러나 너
는 배우고 확신한 일에 거하라 너는 네가 누구에게서 배운 것을 알며 또 어려서부터 성
경을 알았나니 성경은 능히 너로 하여금 그리스도 예수 안에 있는 믿음으로 말미암아
구원에 이르는 지혜가 있게 하느니라 모든 성경은 하나님의 감동으로 된 것으로 교훈과
책망과 바르게 함과 의로 교육하기에 유익하니 이는 하나님의 사람으로 온전하게 하며
모든 선한 일을 행할 능력을 갖추게 하려 함이라

10
배우고 확신한 일에
거하라

제대로 훈련받고 있는가?

분당우리교회에서 이루어지는 제자훈련과 사역훈련은 1년 혹은 2년에 걸쳐 진행되는 꽤 긴 여정의 훈련이다. 그 긴 기간 동안 훈련생들은 물론이고 그들을 지도하는 훈련 담당 교역자들이 참 많이 수고하고 헌신한다.

기간만 긴 것이 아니라 그 훈련 과정이 혹독하고 힘들다. 매주 성경암송과 성경통독을 해야 하고, 매일 30분 이상 기도해야 한다. 모임 때마다 그 숙제를 꼼꼼히 체크한다. 무단결석 두 번이면 탈락, 사유가 있더라도 세 번 결석하면 역시 탈락이다. 나는 분당우리교회가 하나님 앞에 한 해를 결산할 때 드릴 수 있는 열매가 많지만, 그중 그러한 훈련을 통해 하나님 앞에 세워지는 성도들이야말로 아주 귀한 열매라고 생각한다.

그렇게 힘든 과정인데도 지원자들이 너무 많아서 경쟁률이 2대 1, 2.5대 1이라고 한다. 몇 번을 지원해도 계속 떨어지는 분들이 계셔서 최근에는 심지 뽑기로 훈련생을 정할 정도라고 한다. 이렇게 많은 분들이 훈련 받기를 소원하고 자발적으로 훈련에 응해주어서 얼마나 감사한지 모른다.

그런데 이런 훈련들을 받을 때 우리가 꼭 기억하며 점검해야 하는 것들이 있다. 이러한 우리의 애씀이 하나님 보시기에, 하나님 앞에서 진정으로 유익한가를 점검해야 하는 것이다.

여러 가지 잣대가 있겠지만, 여기서는 디모데후서 3장의 말씀을 중심으로 세 가지 잣대에 대해 함께 나누고 싶다. 우리가 하나님 앞에서 제대로 훈련이 이루어지고 있는지, 진정으로 유익한 훈련을 받고 있는지 점검하려면 세 가지 질문을 던져야 한다.

자기사랑의 통제

첫 번째 질문은 이것이다.

"나는 이 훈련을 통해 내 내면에 자리 잡고 있는 극단적인 자기사랑이 통제되기 시작했는가?"

디모데후서 3장의 말씀, 특히 초반부에 보면 말세에 일어날 여러 현상들을 열거하고 있다. 1,2절을 보자.

너는 이것을 알라 말세에 고통하는 때가 이르러 사람들이 자기를 사랑하며 돈을 사랑하며 자랑하며 교만하며 비방하며 부모를 거역하며 감사하지 아니하며 거룩하지 아니하며 딤후 3:1,2

이렇게 말세에 나타날 여러 가슴 아픈 현상들이 열거되는데, 맨 마지막에 어떻게 마무리되는가? 4절을 보자.

배신하며 조급하며 자만하며 쾌락을 사랑하기를 하나님 사랑하는 것보다 더하며 딤후 3:4

말세에 나타나는 병든 현상들을 보니 맨 먼저 "자기를 사랑하며"로 시작하여 "쾌락을 사랑하기를 하나님 사랑하는 것보다 더하며"로 끝이 난다. 이 흐름에서 어떤 맥이 느껴지지 않는가?

말세에 마음에 하나님 두기를 싫어하는 사람들의 내면에서 가장 먼저 나오는 것이 '자기사랑'이다. 그리고 그 악한 열매의 마지막이 '쾌락 사랑하기를 하나님 사랑하는 것보다 더하는 것'이다. 즉, 극단적인 자기사랑이 결국 하나님보다 더한 쾌락추구로 연결된다는 것이다.

이 구절을 보면서 느끼는 것이, 결국 자기사랑이 문제인 것인데, 자기사랑도 제대로 하면 좋겠지만 자기를 망치는 쪽으로 계속 몰고 가고 있다는 것이 참 비극이란 것이다. 사실 인간의 비극이란 자기를 제대로 사랑할 수 없는 미련함에 있는 것인지도 모른다.

나는 이것을 목회 현장에서 수없이 목격한다. 후배 교역자들을 보면 바보스러울 정도로 우직하게 하나님을 의지하고 만날 손해 보며 사는 후배들이 있다. 사람의 눈으로 보자면 답답할 때가 정말 많지만, 그 삶 속에서 깜짝 놀랄 정도로 하나님의 인도하심을 경험하는 것을 보게 된다.

그런데 머리 좋고 계산 빠른 사람들을 보면 뭐든 잘할 것 같지만 그렇지 않다. 예전에 아는 목사님 중에 '자료모음의 대가'라는 별명을 가진 친구가 있었다. 그런데 이분이 나중에 담임목사가 되었는데 놀라운 것은 모아놓은 자료가 너무 많아서 결정적일 때 못 찾더라는 것이다. 못 찾는데 무슨 소용이 있는가? 계산하고 머리 굴리는 사람이 오늘 우리 시대에 굉장히 성공할 것 같지만 그렇지 않다.

무엇을 말하고 싶은가 하니, 우리가 경계하고 또 경계해야 될 것이 잘못된 자기사랑이라는 말이다. 이런 면에서 보면 제자훈련을 제대로 잘 받았는지를 점검하는 중요한 잣대가 바로 이 잘못된 자기사랑을 경계하는 태도가 생겼는지 여부를 점검하는 일이다. 물론 이것에 대해 자유할 사람은 아무도 없다.

목사인 나부터가 자기사랑으로부터 자유하지 못하다. 자기를 점검할 때 '나는 자기사랑으로부터 해방되었다'라고 생각하는 사람은 처음부터 다시 훈련받아야 한다. 자기를 그렇게 몰라서야 무슨 훈련이 되었다고 할 수 있겠는가?

자기사랑의 문제는 훈련 한 번으로 해결되는 것이 아니라 평생을 두고 싸워나가야 할 문제이다. 앞에서도 살펴보았지만 잘못된 자기사랑을 방치하면 결국 "쾌락을 사랑하기를 하나님 사랑하는 것보다 더하며"까지로 연결되게 된다. 정말 무서운 결말 아닌가?

주변을 둘러보면 이런 점에서 가슴 아픈 경우를 많이 본다. 예수 믿는 사람들 중에 쾌락 사랑하기를 하나님 사랑하는 것보다 더하는 사람이 어디 한둘인가? 매 주일 빠지지 않고 교회에 출석하고 고개를 끄덕이고 메모하며 말씀을 경청하던 분들이 어떤 이해관계에 부딪히면 태도가 돌변하여 말씀을 들은 대로 살지 않는 모습을 볼 때가 종종 있다. 그럴 때면 마음이 정말 아프다. 그리고 두려운 마음이 든다. 혹시 설교자인 나 자신도 그렇게 결정적인 순간에 돌변하는 것은 아닐까 하는 마음에서다.

다시 강조하지만, 극단적인 자기사랑의 끝은 쾌락 사랑하기를 하나님 사랑하는 것보다 더하는 쪽으로 흐르게 된다. 그 막다른 골목으로 갈 수밖에 없는 현실을 자각하고 그 본능에 도전장을 던지게 되기를, 그래서 치열하게 싸워나가는 우리가 되기를 바란다.

돌아서서 머물러라

두 번째로 내가 제대로 훈련 받았는지 여부를 점검하려면 이 질문을 던져야 한다.

"나는 세상 풍조에서 돌아서서 진리에 머물고 있는가?"

여기서 '돌아서서'와 '머물고'가 중요하다. 먼저 '돌아서서'라는 표현을 살펴보자.

경건의 모양은 있으나 경건의 능력은 부인하니 이같은 자들에게서 네가 돌아서라 딤후 3:5

우리 주변을 돌아보면 경건의 모양은 있지만 경건의 능력을 부인하는 모습들 투성이다. 불경건은 하나님을 배제한 상태, 곧 하나님을 두기 싫어하는 마음의 상태이다. 이런 환경에서 살아가다 보면 우리도 모르게 경건의 모양은 있지만 경건의 능력은 부인하는 잘못된 자리로 빠지기 쉽다. 한순간에 그렇게 된다. 그러므로 우리는 자꾸 돌아서야 한다. 경건의 모양은 있지만 경건의 능력은 부인하는 자리에서, 하나님을 마음에 두지 않은 상태에서 일어나는 많은 사람들의 양상으로부터 돌아서야 한다.

여기서 중요한 것은 '돌아서라'라는 명령이 현재형이란 사실이다. 이것이 무엇을 의미하는가? 한 번 돌아서는 큰 결단이 아니라 삶 속에서 지속적으로 '돌아서는 것'을 강조하는 표현이다. 어제도, 오늘 아침도, 오늘 오후에도 끊임없이 하나님을 마음에 두지 않은 사람들이 보여주는 이 세상의 질서 속에서 돌아서는 것이다.

그렇게 돌아서서 우리가 어떻게 해야 하는가? 그 다음 단계는 '머물고'의 단계이다.

14절 말씀을 새번역성경으로 보자.

그러나 그대는 그대가 배워서 굳게 믿는 그 진리 안에 머무십시오.

딤후 3:14, 새번역

어디에 머물러야 한다고 하는가? 은혜 받고 난 이후부터 지속적으로 배우고 굳게 믿는 그 진리 안에 머물라는 것이다.

한 가지 재미있는 것은 여기 나오는 '머물다'라는 동사가 요한복음 15장 9, 10절에도 나오는데, 어떻게 쓰이는지 한번 보자.

아버지께서 나를 사랑하신 것같이 나도 너희를 사랑하였으니 나의 사랑 안에 거하라 내가 아버지의 계명을 지켜 그의 사랑 안에 거하는 것같이 너희도 내 계명을 지키면 내 사랑 안에 거하리라 요 15:9,10

이 구절의 '거하다'라는 단어가 디모데후서 3장 14절에 나오는 '머물다'와 같은 단어이다. 예수님은 지금 포도나무에 가지가 붙어 있는 모습을 하나님과 우리와의 관계로 설명하고 계신다.

즉, 마음에 하나님 두기를 싫어하는 세상 풍조로부터 벗어나되 한 번만이 아니라 매일매일, 날마다, 매순간마다 그 상태에서 벗어나 포도나무에 가지가 붙어 있듯이 진리 안에, 하나님의 인도하심 안에, 하나님의 영역 안에, 하나님의 사랑 안에 거하라는 것이다.

우리가 제대로 훈련받고 있는지 점검할 때 '나는 세상 풍조에서 돌아서서 진리에 머물고 있는가'라는 잣대로 면밀히 살펴야 한다. 요요현상은 육적인 다이어트에만 있는 것이 아니다. 영적으로도 요요현상이 온다. 그래서 우리는 하나님 앞에서 자꾸 이 두 번째 질문을 던지며 주님의 은혜를 구해야 한다.

'하나님, 제가 돌아선 자리로 다시 돌아가지 않도록 해주십시오.'

그러기 위해서는 다음 세 번째 질문이 중요하다.

성경의 영향력 아래 놓이는 것

우리가 제대로 훈련 받고 있는지 여부를 점검하는 세 번째 잣대는 이 질문이다.

"나는 성경의 영향력 아래 놓여 있는가?"

디모데후서 3장 15절을 보자.

또 어려서부터 성경을 알았나니 성경은 능히 너로 하여금 그리스도 예수 안에 있는 믿음으로 말미암아 구원에 이르는 지혜가 있게 하느니라 딤후 3:15

여기 보면 바울은 진리 안에 거하라고 권면한 후 곧이어 성경에 대해 길게 피력하는 것을 볼 수 있는데, 이것이 무엇을 의미하는가? 우리가 진리 안에 거하기 위해서는 말씀의 영향력 아래 놓여야 한다는 것이다. 성경의 영향력 아래에 놓이지 않고는 하나님 사랑의 영역에 머물기가 어렵다.

사람들이 훈련받을 동안에는 어떻게 잘 버티며 성장해가는 것 같지만, 훈련이 끝나면 바로 옛 생활로 돌아가는 경우가 많다. 인도자인 목회자를 지나치게 의지하는 경우에는 더 심하다. 훈련 중에는 교역자와 같은 리더나 같이 훈련 받는 동료들이 옆에서 독려해주고 함께 나아가도록 도와주기 때문에 성장하는 것 같다가 훈련이 끝나 주위에서 도와주던 것들이 끊어지면 바로 주저앉게 되는 것이다.

공적인 훈련이 끝나도 혼자 일어설 수 있도록 서로 도와야 한다. 또한 본인도 더 많은 노력을 기울여 영적으로 독립하기를 애써야 한다.

그렇다면 어떻게 해야 영적으로 독립할 수 있을까? 정답은 성경 말씀을 가까이하는 것이다. 스스로 성경을 읽고 묵상해야 한다. 스스로 말씀을 가까이하여 성경의 영향력 아래 놓여야 한다.

사도행전 17장에 이런 말씀이 있다.

> 베뢰아에 있는 사람들은 데살로니가에 있는 사람들보다 더 너그러워서 간절한 마음으로 말씀을 받고 이것이 그러한가 하여 날마다 성경을 상고하므로 행 17:11

데살로니가에 있는 사람들보다 베뢰아에 있는 사람들이 더 너그러울 수 있었던 것은, 그들의 탁월한 성품 때문이 아니었다. 간절한

마음으로 말씀을 받고, 이것이 그러한가 하여 날마다 성경을 상고
했기 때문이다. 이것은 틀림없는 진실이다.

나 자신을 놓고 봐도 간절한 마음으로 말씀을 받고 이것이 그러
한가 하여 말씀을 상고할 때와 그렇지 않을 때가 너무 차이가 난
다. 내가 나 자신에게 놀랄 때가 많다. 긍정적으로 놀랄 때도 많고,
부정적으로 놀랄 때도 많다.

때로는 스스로도 믿기지 않는 너그러운 마음을 보여줄 때가 있
다. 내게 잘못을 저지른 상대방이 불쌍하고 안쓰러워진다. 그 사람
을 위한 기도가 나온다. 이런 모습은 나의 원래 모습이 아니다. 내
실력이 아니다. 말씀을 가까이할 때 내가 상고하는 그 말씀이 내
삶에 능력이 되어 가능해진 일이다.

그런가 하면 내가 놀랄 만큼 내가 저질일 때도 있다. 내가 목사
인데 어떻게 그 정도도 용서하지 못하고 화가 나서 얼굴이 붉으락
푸르락하는지 모르겠다. 이렇게 양면을 다 가지고 있다.

이 차이는 딱 하나이다. 간절한 마음으로 말씀을 받고 그 말씀이
정말 그러한가 하여 성경을 상고하느냐, 그렇지 않느냐 여기에 달
려 있다.

내가 말씀을 가까이하고 상고하면 내 안에 거하시는 성령님이 기
뻐하시며 내 안에서 너무나 아름답게 인도하시는 것을 본다. 또 성
령님의 인도하심에 대해 말씀으로 기도하고 민감하면 나 스스로가
성령님의 인도하심에 협조를 잘 해드린다. 그러니 아름다운 열매가

맺히는 것이다.

우리는 날마다 이 세 가지 질문을 우리 스스로에게 던짐으로 우리 자신을 점검해야 한다. 그럴 때 영적인 요요현상을 막고 지속적으로 성장하여 예수님의 제자로서의 삶을 살아가게 된다.

또한 영적으로 독립하여 성령의 도우심으로 말씀의 영향력 아래에서 끊임없이 발전하고 성장하는 우리 모두가 되기를 바란다.

영향력,
나눠주고 흘려보내다

사도행전 1장 6-11절

그들이 모였을 때에 예수께 여쭈어 이르되 주께서 이스라엘 나라를 회복하심이 이 때니
이까 하니 이르시되 때와 시기는 아버지께서 자기의 권한에 두셨으니 너희가 알 바 아
니요 오직 성령이 너희에게 임하시면 너희가 권능을 받고 예루살렘과 온 유대와 사마리
아와 땅 끝까지 이르러 내 증인이 되리라 하시니라 이 말씀을 마치시고 그들이 보는데
올려져 가시니 구름이 그를 가리어 보이지 않게 하더라 올라가실 때에 제자들이 자세히
하늘을 쳐다보고 있는데 흰 옷 입은 두 사람이 그들 곁에 서서 이르되 갈릴리 사람들아
어찌하여 서서 하늘을 쳐다보느냐 너희 가운데서 하늘로 올려지신 이 예수는 하늘로 가
심을 본 그대로 오시리라 하였느니라

11

성령 충만이
가장 기본이다

활기를 일으키는 작은 꿈

우리 교회는 매년 가을마다 특별새벽부흥회를 진행한다. 어느 해
엔가는 '기도의 가문을 일으키라'라는 주제를 가지고 어른들뿐만
아니라 어린 자녀들까지 함께 참여하도록 독려한 적이 있다. 그리
고 개근한 어린이들을 위하여 기념 동판을 만들고 광고를 했다. 개
근하는 어린이에게는 동판을 선물로 주겠다고.

그랬더니 생각하지 못한 일들이 벌어졌다. 초등학생들부터 예닐
곱 살 먹은 아이들까지, 그 어린 아이들이 동판을 받겠다는 목표를
가지고 집집마다 재미있는 일들이 벌어졌다는 것이다.

"엄마! 내일 새벽예배 가야 하니까 일찍 자야 해! 나 동판 받아야
해!"

평소에는 들을 수 없던 일찍 자겠다는 말이 아이들 입에서 나오니 얼마나 신기했겠는가? 평소 같으면 흔들어 깨워도 일어나지 않던 아이가 "동판!" 한 마디에 벌떡 일어나기도 했다고 한다. 웃겼던 것은 아이들이 동판이 뭔지도 모르면서도 동판 받으러 가야 한다고 나서더라는 것이다.

나는 그 얘기를 들으면서 문득 이런 생각이 들었다. 동판을 얻게 된다는 소박한 꿈이 아이들에게 이런 활력을 제공하는 것처럼, 기성세대 어른들에게도 힘들고 지쳐 무기력한 그들의 삶을 활력으로 바꾸어줄 그 무엇이 없겠는가 하고 말이다. 우리에게도 이런 꿈이 있었으면 좋겠다. 하나님 보시기에 건전하고 건강한 꿈이 있어 그 꿈이 우리로 하여금 활력을 되찾아주면 좋겠다.

우리의 소원 vs. 주님의 대안

오늘 본문인 사도행전 1장에 보면 예수님의 제자들에게도 나름대로 간절한 소원이 있었다. 그들은 그 마음의 소원을 가지고 예수님께 이런 질문을 드렸다.

> 그들이 모였을 때에 예수께 여쭈어 이르되 주께서 이스라엘 나라를 회복하심이
> 이 때니이까 하니 행 1:6

지금 제자들의 현실적인 관심은 로마의 속국으로 있는 조국 이

스라엘의 해방이다. 오랜 외세의 침략으로 수난 당하던 민족사적인 아픔을 가지고 있던 그들이기에, 그들이 가진 현실적인 소원은 충분히 이해 가능하다.

그런데 예수님은 이런 마음의 소원을 가지고 던지는 제자들의 질문에 다소 엉뚱한 대답을 주신다.

> 이르시되 때와 시기는 아버지께서 자기의 권한에 두셨으니 너희가 알 바 아니요 오직 성령이 너희에게 임하시면 너희가 권능을 받고 행 1:7,8

"우리 민족이 언제 해방을 경험하겠습니까?"라고 물었는데, 예수님은 뜬금없이 "그런 것에 신경 쓰지 말고 성령 충만을 사모해라"라고 말씀하신다. 예수님은 자기 제자들을 사랑하시지 않는가? 그 사랑하는 제자들 심령 깊은 곳에 민족을 향한 간절한 소망이 있다는 것을 아시지 않겠는가? 그런데 왜 이런 뜬금없는 동문서답을 하시는가?

우리에게는 구해야 할 많은 기도제목이 있고, 많은 소원들이 있다. 그런데 하나님은 너희 앞에 있는 많은 장애물과 어떤 환경의 어려움보다 먼저 구할 것은 성령 충만하는 것이라고 말씀하신다. 왜 우리 앞에 있는 모든 어려운 문제들보다 성령 충만을 갈급히 구해야 하는가? 예수님은 왜 현실적으로 절박한 문제들이 많은데 그것보다 더 본질적인 것은 성령 충만을 구하는 것이라고 말씀하시는 것인가?

여기에는 두 가지 이유가 있다.

현실을 이길 힘을 얻는다

첫째, 우리가 성령 충만하면 현실을 이겨낼 능력을 얻기 때문이다.
사도행전 1장 8절을 보자.

오직 성령이 너희에게 임하시면 너희가 권능을 받고 행 1:8

"너희가 권능을 받고"라는 부분을 영어성경으로 보면 "you will receive power"라고 되어 있다. 즉 '권능'은 '파워(power)'라는 것이다. 성령이 임하면 '파워'를 얻게 된다는 말씀이다.

'권능'이란 단어를 원문으로 보면 '두나미스'이다. 이 단어에서 영어단어 '다이너마이트(dynamite)'와 '다이내믹(dynamic)'이 파생되었다. 이 두 단어를 살펴보자.

현실의 벽을 깨뜨리는 파워, 다이너마이트

때로는 '다이너마이트'가 악한 인간들 손에 의해 인명을 살상하는 무서운 무기로 사용되기도 하지만, 원래 노벨이 이것을 만들 때는 무기가 아니라 광산 폭파를 위해, 딱딱한 바위 덩어리를 깨뜨리기 위해 만들었다. 깨부수기 어려운 바위 같은 것들을 한순간에 파괴해버리는 파워를 가지고 있는 것이 다이너마이트이다. 즉, 성령이 임하시면 이런 다이너마이트와 같은 파워가 주어진다는 것이다.

제자들은 "꿈의 소원인 우리 민족의 해방은 언제 이루어집니까?"라고 물어보는데, 왜 예수님은 그런 것에 신경 쓰지 말고 성령 충만하기에 신경 쓰라고 말씀하시는가? 성령 충만해지면, 그 민족이 복음으로, 성령으로 충만해지면 민족 해방은 저절로 이루어지기 때문이다. 다이너마이트와 같이 현실을 깨뜨리고 파괴하는 능력이 주어진다는 것이다.

험난한 이 땅을 살아가는 우리도 마찬가지다. 날마다 우리가 구하는 것은 제자와 같은 기도이다.

"자녀가 속을 썩입니다. 지금 사춘기를 앓은 지 2년이나 지났습니다. 하나님 도와주세요. 우리 아이가 언제 정신을 차리겠습니까?"

"하나님, 사업이 어려워진 지 6개월이 넘었습니다. 언제 사업을 회복시켜주시겠습니까? 언제 이 고난에서 우리를 건져주시겠습니까?"

절박하게 기도한다. 그런데 하나님은 그 기도를 들으시고 이렇게 말씀하신다.

"네가 구하는 현실적인 문제 해결에 대한 기도도 절박하겠지만, 그러나 그것보다 우선 성령 충만하기를 구해라!"

왜 그런가? 성령이 충만해지면 다이너마이트와 같은 두나미스, 곧 능력이 주어지기 때문이다. 그렇기 때문에 우리 앞에 놓여 있는 문제를 없애달라고 기도하고 부르짖기보다는 하나님 앞에서 그런 장애물들을 깨뜨릴 수 있는 '두나미스'를 달라고 기도해야 된다는 것이다.

사실 모든 것이 다 능력의 문제이다. 왜 술, 담배를 못 끊는가? 매년 새해만 되면 결심하지 않는가? 올해는 꼭 금연에 성공하겠다고. 그런데 왜 못 끊었는가? 폐암에 걸릴지도 모른다는 경고에 담배 끊을 결심을 하지만 그 결심하는 '파워'보다 니코틴이 유혹하는 '파워'가 더 크기 때문에 끊지 못하는 것이다.

음란물도 마찬가지다. 어린 청소년들이 주일날 교회에 와서 말씀에 은혜 받고 '이제 다시는 음란 사이트 안 들어갈 거야'라고 결심하지만, 월요일 지나고 화요일만 되면 또 들어간다. '다시는 음란사이트 안 들어갈 거야' 하는 결심의 '파워'보다 음란물을 보고자 하는 유혹의 '파워'가 더 크기 때문에 깨지는 것이다.

감정 조절의 문제도 마찬가지다. 다혈질인 사람들이 있을 것이다. "난 다혈질이야. 난 원래 속에 있는 것을 잘 못 참아"라고 하면서 하고 싶은 말을 다 한다. 그런데 그것은 자랑이 아니다. 자기 미숙함을 드러내는 것이다. 속에서 욱 할 때 '이 정도는 컨트롤해야지' 하는 마음보다 그냥 툭 뛰어나오는 능력이 더 강하다 보니 매번 실수하는 것이다.

'맞아, 내 입술에 재갈을 물려야 해.'

수없이 결심하지만 또 입을 잘못 열어서 문제를 일으킨다. 마음은 원인데 입을 닫을 능력이 없다.

자녀교육도 마찬가지다. 부모에게 파워가 있어야 한다. 파워가 있어야 한 마디를 해도 아이들 마음을 움직이는 설득력이 생기는데, 그게 없으니 잔소리로 전락하는 소음이 되는 것이다.

생각해보면, 우리 부모 세대가 우리를 기를 때는 지금처럼 자녀교육이 어렵지 않았던 것 같다. 자녀가 조금 세게 나온다 싶으면 "너 지금 아버지한테 반항하니?" 한 마디면 다 평정됐다. 우리 어머니도 자녀와 말싸움을 하다가 하시던 말씀이 "너 지금 엄마한테 따지는 거니?"였다. 이 한 마디면 상황 종료다.

그런데 요즘 아이들에겐 통하지 않는다. 오늘 이 시대는 부모라는 타이틀만 가지고는 아이들을 다스리지 못한다. 능력이 필요하다. 말 한 마디를 해도, 충고를 해도 아이에게 먹히는 권세가 있어야 자녀교육이 가능하다.

모든 게 다 능력의 문제다. 능력이 없다는 것이 문제다. 그렇기 때문에 우리에게 주어진 문제를 가지고 고민하고 씨름하며 "하나님, 이것 좀 해결해주세요"라고 하는 것보다 더 중요한 것은 능력을 구하는 것이다. 다이너마이트와 같은 두나미스가 필요하다는 것이다. 두나미스는 언제 나온다고 했는가? 성령 충만할 때이다. 성령이 내 마음에서 역동적으로 일하시면 다이너마이트 같은 파워가 나온다는 것이다.

상황을 뛰어넘는 다이내믹이 넘친다

두나미스에서 두 번째로 파생된 단어가 '다이내믹(dynamic)'이다. 우리말로는 '역동적'이란 뜻이다. 내 삶의 활력을 뜻한다.

지금 현실적으로 사업이 어렵고, 문제가 있는 경우가 있다. 그런데 그런 어려움 속에서도 위축되지 않고 삶의 활력을 잃지 않는 사람들이 있다. 실제로 우리 주변에도 이런 분들이 있다.

어떤 성도가 사업이 어려워져 이것저것 정리하고 극심한 어려움 가운데 처하게 되었다는 이야기를 듣고 위로 차 심방을 갔다. 가기 전에 '그 분이 나를 보고 울면 손수건을 전해드려야지'라는 생각을 하며 갔는데, 막상 가보니 예상했던 것과는 달리 너무 아무렇지도 않다. 싱글벙글하면서 바쁜데 왜 오셨냐고, 차 한 잔 하고 가시라고 한다.

이런 경우를 종종 경험한다. 삶이 다이내믹한 것이다. 그래서 환경에 함몰되지 않고 뛰어넘는 것이다. 언제 이것이 가능한가? 성령이 충만하면, 성령이 내 안에서 일하시면 이런 다이내믹이 나온다.

연세 드신 장로님이 암 수술을 받으셔서 육신이 매우 연약한 상태인데 위로하러 갔더니 멀쩡하시다. 몸은 좀 쇠약한 것 같고, 얼굴은 살이 좀 빠졌지만 그 다이내믹은 바뀌지 않았다. 성령 충만한 사람들의 특징이다. 주변을 둘러보라. 다이내믹한 사람들이 한두 명이 아니다.

나 역시 다이내믹한 삶을 원한다. 일정이 바쁠 때면 하루에 4시간 정도밖에는 잠을 자지 못한다. 그렇게 일주일을 보내고 나면 피곤이 엄습해온다. 주일날이면 보통 새벽 3시에 일어난다. 새벽 3시에 일어나 전할 말씀을 다듬는데, 그 설교 준비의 마무리는 예배 들어가기 직전에야 끝난다. 예배 들어가기 5분 전에야 내 손에 들려질 설교 원고를 프린트하기 때문이다.

이렇게 1부부터 5부까지 말씀을 전하고 오후 늦게 집으로 돌아가면 피곤이 몰려온다. 그러고는 월요일이 되면 몸이 아프다. 두통이 있을 때도 많다. 그럴 때 나는 성령님이 주시는 '다이내믹'을 구한다.

"성령님, 비록 지금 몸은 피곤하고 머리는 아프지만, 이 피곤함은 어제 최선을 다해 말씀을 전한 열매라 믿습니다. 이런 저에게 성령님이 삶의 활력을 주셔서 비록 몸은 피곤하지만 제 심령은 기쁨으로 충만하기 원합니다."

이렇게 월요일을 보내고 잠자리에 들어가면 기대감으로 넘치게 된다.

'이제 내일 아침에 오늘까지의 피곤함이 사라지고 맑고 깨끗한 정신으로 일어나게 될 것이다.'

그렇게 화요일 새벽이 되면 말로 다할 수 없는 상쾌함과 기쁨으로 잠자리에서 일어나 한 주간을 달려갈 활력을 얻게 되는 것이다. 이 모든 결과는 내 안에 계시는 성령님의 '두나미스' 덕분이다.

나는 우리 크리스천들이 다 성령 충만하기를 바란다. 그래서 환경에 짓눌려 날마다 '하나님, 이것 좀 해결해주세요' 하는 게 아니라 다이너마이트와 같은 능력을 경험하여 '하나님, 주님이 능력 주시니 이 환경은 내가 뛰어넘을 수 있습니다'라고 해야 한다. 뿐만 아니라 다이내믹한 활력이 주어져서 힘들고 어려운 상황 속에서도 성령님이 주시는 활기가 넘치기를 바란다. 비록 몸이 피곤하여 집에 가서는 몸져누울지라도 에너지가 넘쳐야 한다. 이것이 언제 가능하단 말인가? 성령 충만하면 가능하다. 이것이 예수님이 제자들의 현실적인 소원을 알고 계시면서도 '때와 기한' 같은 데 관심 쏟지 말고 성령 충만하기를 갈망하라고 말씀하신 이유이다.

복음 증거의 목표를 갖게 된다

둘째, 왜 성령 충만을 구하라고 말씀하시는가? 우리가 성령 충만을 구하면 '복음 증거'라는 고상한 목표를 갖게 되기 때문이다.

8절을 다시 보자.

오직 성령이 너희에게 임하시면 너희가 권능을 받고 예루살렘과 온 유대와 사마리아와 땅 끝까지 이르러 내 증인이 되리라 하시니라 행 1:8

성령 충만할 때 얻게 되는 두 단어는 첫째가 권능, 둘째가 증인이다. 오늘날 한국교회가 가진 고민이 있다면 전도가 잘 되지 않는다는 것이다. 믿지 않는 가까운 이웃에게 복음을 전하려 해도 아예 말도 못 꺼내게 하는 경우가 많다. 그러다 보니 교회들마다 전도해서 데리고 온 초신자보다 이미 교회 다니고 있는 사람이 이런 저런 사정으로 교회를 옮겨 수평 이동해온 경우가 대부분이다.

왜 이런 일이 일어나는가? 왜 역동적으로 복음이 전해지지 않을까? 그리고 어떻게 하면 이 문제를 해결할 수 있을까? 나는 답을 알고 있다. 강단에서 전도하라고 강조하기 전에 교회가 먼저 대청소하듯 분위기를 갈아엎어야 한다. 몇 년이 지나도 아무런 변화가 없는 무기력한 모습에서 탈피해야 한다. 그리고 그 일이 가능하도록 성령님의 은혜를 구해야 한다. 성령님이 '두나미스'를 회복시켜주시는 일이 급선무이다. 그리고 나서 교회 차원에서 전도 집회를 열고 이웃을 초청하여 그 다이내믹한 현장을 보여주어야 한다.

이것은 개인에게도 그대로 적용된다. 이웃에게 예수님을 믿으라고 말하기 전에 먼저, 본인 스스로가 성령 충만함으로 '두나미스'를 선물로 받아야 한다. 그래서 그 삶에서 다이너마이트와 같은 파괴력으로 환경을 돌파해나가는 능력들이 회복되고, 활력이 넘쳐야 한다. 이것을 먼저 경험해야만 전할 수 있는 것이 복음이다.

이런 차원에서 나는 기도한다. 분당우리교회를 비롯한 이 땅의 모든 교회들 안에 성령님의 충만하심이 회복되게 해달라고. 그리고 그 일이 성도들이 함께 모여 드리는 예배 안에서 일어나게 해달라고 말이다.

이런 상상을 해보자. 어떤 성도 한 분이 지금 하는 사업이 잘 안 되어 어려움에 빠졌다. 그러다 보니 날마다 현실을 비관하고 부정적인 말이 자꾸 나온다. 그랬는데 어느 날 이분이 예배 시간에 은혜를 받았다. 말씀에 은혜를 받고 성령님의 '두나미스'를 경험했다. 그러자 용기가 생겼다. 이 무기력한 현실을 뛰어넘어보자고. 그리고 눈물로 성령님께 그 은혜를 구했다.

그러자 현실을 이길 수 있는 다이너마이트와 같은 능력이 생겼다. 지혜가 주어지고, 돌파력이 생겼다. 그리고 마음속에 활력이 넘치는 다이내믹이 생겼다. 마음에서 노래가 나와 흥얼거리게 되었다. 그러다 오랜만에 동창을 만났다. 그 친구도 지금 사업이 망할 지경에 좌절하고 있는 상황이다. 가만히 보니 6개월 전 성령 충만하지 못할 때의 내 증세를 그대로 앓고 있다.

이런 상황이라면 그 성도가 오랜만에 만난 동창에게 무슨 말을 전하게 될까? 그동안 자기가 겪었던 힘든 일들을 들려줄 것이다. 그것이 얼마나 힘들고 아팠는지 자세하게 들려줄 것이다. 그러고는 그런 아프고 힘든 과정을 어떻게 이겨냈는지도 함께 들려줄 것이다. 자기가 어떻게 그 힘든 과정을 다 이기고 이렇게 멀쩡히 회복되어 오늘 이 자리까지 오게 되었는지를 확신을 가지고 들려줄 것이다.

나는 이것이 전도라고 생각한다. 교회가 날짜 정해놓고 전도잔치를 벌여도, 그 잔치를 위해 몇 달씩 광고하며 전도해 오라고 강권적으로 부탁을 해도 이런 행사로는 효과가 나타나지 않는 시대를 살고 있다. 이런 시대를 살고 있는 우리이기에 무엇보다도 우리에게는 성령님의 다이내믹이 필요하다.

특새를 통해 경험하는 두나미스

분당우리교회 담임목사로서 내가 일 년 중 가장 기대를 가지고 기다리는 집회가 있는데, 바로 가을에 열리는 특별새벽부흥회이다. 특별새벽부흥회를 통해 나는 늘 회복을 경험한다. 교회가 변질되었다고 아무리 손가락질해도, 또 성도들의 열심이 예전과 같지 않다고, 열정이 다 식어버렸다고 탄식이 들려와도, 그래서 때로는 나도 맥이 빠지고 힘을 잃을 때도 있지만, 가을마다 열리는 특별새벽부흥회를 경험하고 나면 이 모든 부정적인 생각들이 다 사라진다. 한국교회는 아직도 '피리를 불면 춤추며 따라와주는' 수많은 성도들이 살아 있는 곳이라 믿게 되기 때문이다.

우리 교회는 학교 강당을 빌려서 예배를 드리다 보니 성도들의 출석 숫자에 비해 본당의 좌석 수가 적고 비좁다. 그래서 성도들이 본당에서 예배드리고 싶은 마음에 새벽 3시 반이면 교회로 몰려오신다. 마음이 급해서 뛰어오신다. 예배 시작 1시간 전에 도착하여 그 이른 새벽에 기도로 예배를 준비하는 성도들이 너무 많아서 그 모습을 지켜보는 것만으로도 내 마음이 회복된다.

그리고 그 특별새벽부흥회가 끝나고 나면 교회 안의 많은 가정에 회복이 일어난다. 많은 남편들이 하나님 앞으로 돌아오고, 많은 어머니들이 영적인 부모가 되어야겠다고 결단한다. 이런 삶의 변화의

축제가 가을마다 열리니 담임목사 입장에서 그 가을이 늘 기다려지는 것이다.

그런데 중요한 것은 우리 교회에서는 특별새벽부흥회가 끝나자마자 '새생명축제'라는 전도집회가 열린다는 것이다. 이 두 행사는 항상 겹쳐서 진행되도록 하고 있다. 왜 그렇게 하는가?

성도들이 은혜 받는 것도 중요하지만 그렇게 은혜 받고 끝나면 안 되기 때문이다. 우리가 경험한 '두나미스'를 이웃에게 복음 전하는 것으로 그 에너지를 연결해야 하기 때문이다. 나는 이것이 복음 전도와 관련하여 성경이 제시하는 순서라고 믿는다.

지금 우리가 살펴보고 있는 사도행전에도 똑같은 순서와 절차가 벌어지는 것을 볼 수 있다. 사도행전에 보면 성령 충만을 경험한 사람들의 첫 번째 변화가 입을 열게 되었다는 것이다.

> 그들이 다 성령의 충만함을 받고 성령이 말하게 하심을 따라 다른 언어(방언)들로 말하기를 시작하니라 행 2:4

> 그레데인과 아라비아인들이라 우리가 다 우리의 각 언어(방언)로 하나님의 큰 일을 말함을 듣는도다 하고 행 2:11

예배를 드리다가 방언이 터진 분들이 많다. 그러나 자랑하지 말아야 한다. 방언의 내용이 중요한 것이지 방언 받은 것이 중요한 게 아니다. 방언은 교회 안에서만 이상한 언어로 말하는 것이 아니라, 하나님의 크신 일을 선포하고 찬양하는 것이다. 그렇기 때문에 오히려 세상 한가운데서 방언을 외쳐야 한다.

은혜가 충만한가? 교회 안에서만 외치지 말고 나가서 전해야 한다. 좌절하고 절망한 내게 임하신 하나님의 큰일을 전해야 한다. 성령 충만의 궁극적인 방향은 입을 벌리는 것이다. 입을 벌려 하나님께서 내게 행하신 일들을 알리고 선포하는 것이다.

직장생활 10년 동안 내가 예수 믿는지 아무도 모르는 무기력한 신앙생활을 하다가 성령님의 '두나미스'를 경험하고 난 어느 날부터 입을 떼기 시작한다. 왜 이렇게 달라지게 되었는지, 왜 이렇게 행복하게 되었는지를 말하기 시작한다.

이 두 가지 변화, 먼저 내 안에 예배가 회복되어 무기력한 삶이 활력으로 바뀌는 역동적인 변화를 경험하고, 그리고 그 변화된 자신의 삶을 기쁨으로 이웃에게 증거하는 일이 우리가 성령 충만할 때 일어난다.

복음이 뒤집어놓는다

분당우리교회에서 처음 특별새벽부흥회를 시작하던 해에 재미있는 일이 많았다. 그때 새로 부임한 젊은 목사가 있었는데, 부임하자마자 새벽부흥회를 한다고 하니 마음이 많이 복잡했다고 한다.

'이제 죽었다. 아직 부임한 지도 얼마 안 되었는데 집회 참석하라

는 독려 전화를 하루 종일 해야겠구나.'

아마 이전 교회에서는 그렇게 했던가 보다. 그런데 이 교역자 말이, 아무리 기다려도 그런 지시가 없더라는 것이다. 그리고 옆에 있는 동료를 봐도 새벽부흥회에 오라고 전화하는 교역자가 아무도 없다는 것이다. 그래서 놀랐다고 한다. 그리고 새벽부흥회가 시작되면서 또 놀란 것은 누구에게도 참석을 독려하는 전화를 하지 않았는데도 많은 성도들이 참석하더라는 것이다.

교회가 강요하기 시작하면 이미 '두나미스'가 사라지고 있다는 증거이다. 나는 우리 교회가, 또 한국의 모든 교회가 활력이 넘치는 교회가 되기 원한다. 그리고 그 일을 위하여 성령 충만하기를 바란다. 성령 충만은 나를 먼저 변화시킨다. 다이너마이트와 같이 환경을 뛰어넘는 파워를 느끼게 한다.

뿐만 아니라 두나미스가 주는 다이내믹한 삶, 활기가 넘치는 삶을 살게 된다. 여전히 달라진 것이 없지만 이유를 설명할 수 없는 기쁨이 생긴다. 콧노래가 나온다. 그리고 그 다음 단계에서는 입을 벌리기 시작한다. 복음을 전하기 시작한다. 내게 행하신 하나님의 큰일을 증거하는 일들이 일어나는 것이다.

어느 새벽부흥회 때는 마지막 토요일에 레스토랑을 운영하시는 한 성도 분이 전 성도에게 식사를 대접했다. 본인이 운영하는 레스토랑의 특별 메뉴인 송화단 죽을 대접한 것이다. 토요일 아침에 교회 마당에서 그야말로 흥겨운 잔치가 벌어졌다.

이것이 내게 왜 특별한 기쁨이었냐 하면, 송화단 죽을 대접했던 그 성도는 원래 골수 불교신자였다. 이분이 서울 강남에서 큰 레스토랑을 경영했는데, 신문에 소문난 맛집으로 기사가 실리기도 했을 정도로 유명한 식당이었다. 그런데 남편의 사업이 부도를 만나면서 무너지게 되었고, 이분이 하던 레스토랑도 전부 처분하게 되었다. 갑자기 거리에 나앉을 정도로 어려움에 빠졌다.

참 특이한 것은 좌절한 그 순간에 분당우리교회에서 40일 새벽부흥회를 시작했고, 불교신자였던 이분이 새벽부흥회에 나오게 된 것이다. 아마도 절박한 마음이었기에 그럴 수 있었던 것이 아닌가 싶다. 그리고 그 새벽에 불교신자였던 이분이 하나님을 만났다. 새벽부흥회 설교는 복음 설교도 아니고 초신자를 위한 설교도 아니다. 믿는 우리가 각성하자는 내용인데, 골수 불교신자가 그 말씀을 듣고 하나님을 만난 것이다. 하나님께서 이 절박한 성도의 마음을 받으시고 은혜를 베풀어주신 것이다. 은혜는 이렇게 갈망하는 자에게 차별 없이 주어진다.

이렇게 성령님이 주시는 '다이내믹'을 경험한 이분은 다시 힘을 얻어 낙심된 자리에서 일어섰다. 주변 사람의 도움을 빌려 다시 레스토랑을 개업했다. 물론 그 당시도 경제적으로 상당히 어려웠지만, 주중에 나를 찾아와서는 눈물을 글썽이며 부탁하셨다.

"목사님, 우리 성도들에게 송화단 죽을 제공하면 안 될까요? 제발 거절하지 말아주세요."

왜 그렇게 어려운 가운데 무리하며 식사를 대접하고 싶었겠는가? 인생이 달라졌기 때문이다. 자기가 경험한 두나미스의 은혜를 잊을 수 없었기 때문이라고 한다. 복음이 한 가정을 뒤집어 놓았다.

또 다른 이야기가 있다. 우리 교회의 어떤 집사님이 친구의 구원을 위해 1년 동안 기도하고 있었다. 기도만 한 것이 아니라 우리 교회 설교 테이프를 1년 동안 보내주었다. 그리고 역사가 일어났다. 이 친구가 드디어 교회를 찾아온 것이다. 생각지도 못했던 남편까지 따라왔다. 더 놀라운 것은 이 친구 부부가 예배 가운데 은혜를 받고 주님을 영접했다는 것이다.

그러고 나서 가정이 달라졌다. 직장생활하는 남자들이 다 그렇듯 친구 남편도 늦게 귀가하고 돌아오면 피곤해했다. 그런데 예수님을 영접하고 나서는 가급적이면 일찍 귀가하고, 본인도 피곤한데 딸아이와 놀아주려고 애를 썼다. 들었던 말씀인데도 설교 테이프를 구해서 서울인 직장을 오가며 늘 차 안에서 말씀을 들었다. 어떤 때는 말씀을 듣는 내내 눈물을 흘렸다고 한다. 깜짝 놀랄 일이라고 했다. 자기 남편이 우는 것을 처음 봤다고 한다. 부인이 하는 이야기가 자기 남편이 이렇게 변할 줄은 몰랐다는 것이다. 우리 교회 집사님 한 분의 수고가 한 가정을 이렇게 다이내믹하게 변화시켰다. 이것이 복음을 증거하는 현장에서 일어나는 모습이다.

오늘 이 시대는 특정한 몇몇 사람들만 어려운 것이 아니다. 모두가 어렵다. 얼마나 힘든 세상인가? 그렇기 때문에 지금이야말로 성령님의 다이내믹이 필요한 상황인데, 불행하게도 교회는 힘을 쓰지 못한다. 교회에 대한 부정적인 이미지 탓에 본질인 복음까지도 배척당하게 된 현실이다.

그러나 이런 어두운 시대에 우리가 정신 차리고 사람들에게 본질의 복음을 전할 때 그들의 인생을 변화시킬 수 있다. 그러기 위해 우리가 먼저 성령 충만함을 경험하고 두나미스를 경험해야 한다.

다이너마이트와 같은 놀라운 두나미스가 넘치는 삶을 살게 되기를 바란다. 다이내믹한 삶의 활력을 경험하기를 바란다. 그리고 예수 그리스도가 필요한 이웃에게 전도함으로 역동적인 일이 일어나게 되길 바란다.

마태복음 6장 1-4절

사람에게 보이려고 그들 앞에서 너희 의를 행하지 않도록 주의하라 그리하지 아니하면 하늘에 계신 너희 아버지께 상을 받지 못하느니라 그러므로 구제할 때에 외식하는 자가 사람에게서 영광을 받으려고 회당과 거리에서 하는 것 같이 너희 앞에 나팔을 불지 말라 진실로 너희에게 이르노니 그들은 자기 상을 이미 받았느니라 너는 구제할 때에 오른손이 하는 것을 왼손이 모르게 하여 네 구제함을 은밀하게 하라 은밀한 중에 보시는 너의 아버지께서 갚으시리라

12

하나님 마음에 합한
구제를 하라

동기가 중요하다

교회라는 공동체는 세상의 그룹과는 본질적으로 완전히 다른 공동체여야 한다. 교회 건물이 화려하고 넓은 주차장을 가졌다고 '그 교회 참 좋은 교회인가 봅니다'라고 말하는 사람은 없다. 목사님이 유명하고 인기가 있고 수천 명의 성도가 모인다고 해서 '그 목사님 훌륭하다, 목회 성공하셨네'라고 말한다면 그것은 교회를 얼마나 모르고 있는지 그 무지를 드러내는 것이다. 교회는 이 세상의 집단과는 본질적으로 다른 모양이며, 평가 기준 또한 다르다.

마태복음 6장 2절 말씀을 보면 교회 공동체와 교회에서 중심으로 세우는 가치 기준이 세상과 얼마나 다른지 잘 보여주고 있다.

그러므로 구제할 때에 외식하는 자가 사람에게서 영광을 받으려고 회당과 거리에서 하는 것같이 너희 앞에 나팔을 불지 말라 진실로 너희에게 이르노니 그들은 자기 상을 이미 받았느니라 마 6:2

이 세상 기준으로 보면 구제하고 남을 도울 때 그 동기는 별로 중요하지 않다. 얼마나 큰 액수로 구제했는가, 얼마나 능력 있게 구제했는가 그 결과가 중요하지, 무슨 의도로 구제를 했는지는 중요하지 않다. 간혹 신문 1면에 불우이웃돕기 성금 명단을 게시하는 것을 볼 수 있는데, 맨 앞에 사진과 함께 그 이름이 굵은 글씨로 표시되는 경우를 볼 수 있다. 그런 경우는 그 동기가 순수했기 때문이 아니라 그냥 돈을 가장 많이 냈기 때문이다. 이유는 그것 하나밖에 없다.

그러나 교회는 그런 방식으로 일하면 안 된다. 하나님이 세우신 교회는 그런 세상 사람들의 기준과 달리 '동기가 무엇이냐'라는 것이 중요한 기준이 된다. 만약 예수님이 발행하시는 신문이 있다면 그날 구제 명단에는 가장 순수하고 맑고 깨끗한 동기를 가진 사람의 이름이 제일 굵은 글씨로 가장 먼저 나올 것이다. 그것이 예수님이 강조하시는 기준이다.

예수님이 주신 지침

이 땅에 발을 딛고 살아가고, 또 세상 기준에 영향을 받으며 살아가는 우리는 예수님이 우리에게 주시는 이 지침에 항상 마음을 기울여야 한다. 예수님은 1절에서 이런 지침을 주셨다.

> 사람에게 보이려고 그들 앞에서 너희 의를 행하지 않도록 주의하라 그리하지 아니하면 하늘에 계신 너희 아버지께 상을 받지 못하느니라 마 6:1

이 지침을 평생 우리 마음속에 간직해야 한다.

"사람에게 보이려고 그들 앞에서 너희 의를 행하지 않도록 주의하라!"

교회에서 봉사하는 일이나, 남을 섬기는 일이나, 구제하는 일이나, 어떤 일을 하든지 간에 이 말씀을 늘 새겨야 한다. 우리는 예수님을 좀 단순하게 믿어야 한다. 가라면 가고, 서라면 서면 된다. 이 말씀 가운데서 주님이 우리에게 "주의하라"고 말씀하신다면 그대로 받으면 된다. 예수님이 "주의하라"라는 말씀을 주실 때는 특별히 우리에게 그 부분에 대한 약점이 있기 때문에 더 주의를 기울여야 한다는 뜻이라 생각한다. 그러고 보면 죄성을 가진 우리는 늘 주변 사람들을 의식하기 쉬운 존재이다.

남을 의식하기 쉬운 환경

특히 나를 포함한 우리나라 사람들은 주님의 이 경고에 더 귀를 기울여야 한다. 왜냐하면 우리가 어릴 때부터 받은 교육이나 환경

자체가 자꾸 사람을 의식하게 만드는 분위기였기 때문이다.

가끔씩 전철을 타고 가거나 병원 같은 곳에서 순서를 기다리다 보면 당황스러운 경험을 할 때가 있다. 서너 살 된 어린아이와 함께 전철을 탄 젊은 엄마를 보면 통제되지 않는 아이 때문에 쩔쩔 매는 경우를 보게 된다. 그 나이에 엄마 말 한 마디에 갑자기 점잖아지는 경우는 없지 않은가? 아무리 주의를 줘도 말을 잘 듣지 않을 때가 많은데, 그러면 뜬금없이 건너편에 앉아 있는 나를 가리키며 "너 계속 말 안 들으면 저 아저씨가 이놈 해!"라고 한다. 정말 억울하다. 나는 그 귀엽게 생긴 어린아이에게 "이놈!" 하며 협박할 마음이 추호도 없다. 그 아이가 나를 뭐라고 생각하겠는가? 그럴 때면 그 아이에게 한 마디 해주고 싶은 충동이 생기곤 한다.

"애야, 네 엄마 말 절대 믿지 마라. 어떤 경우에도 나는 너를 협박할 마음이 없다."

이런 식으로 부모들이 아이들로 하여금 남을 의식하게 만드는 교육을 한다. 그 부모도 자기 부모에게 그런 식으로 교육 받았기에 그렇게 할 수밖에 없으리라.

초등학교 다닐 때 일기 검사를 받아보았을 것이다. 나는 그것이 굉장히 비교육적이라고 생각한다. 자칫 잘못하면 아이들이 일기를 검사하는 선생님을 의식해서 거짓으로 쓸 위험이 있기 때문이다. 우리 교회에서 행하는 제자훈련은 큐티를 생활화하도록 돕는 것이 큰 목표 중 하나이다. 스스로 말씀 읽고 말씀 앞에 반응하도록 하는 것이 제자가 되는 첫걸음이기 때문이다. 그런데 간혹 훈련생들로부터 이런 이야기를 듣곤 한다.

"목사님, 사실은 큐티 적용하는 게 굉장히 힘들었어요. 목사님께 잘 보이고 싶어서 목사님을 의식하며 큐티를 많이 했어요."

그리고 나서 가만히 보면 그런 분들의 큐티는 적용이 항상 똑같다. 본문은 다 다른데, 목사님이 구제를 좋아한다 싶으면 날마다 적용은 '구제를 하며 살자'밖에 없다. 이런 교육을 받으며 살아왔기에 우리나라 사람들은 특히 남을 의식하는 데 익숙한 것 같다. 그렇기 때문에 우리는 늘 이런 부분에 더 주의를 기울여야 한다.

우리 아이들이 어렸을 때 미국에 계신 어머니께 인사를 드리러 간 적이 있다. 오랜만에 손자 손녀들을 보시는 어머니는 무척 기뻐하셨다. 형님, 누님도 조카들 예쁘다고 먹을 것도 사주고 잘해주었다. 그런데 목사 아들이고 딸이다 보니 모임을 하면 아이들에게 기도를 시킨다.

"목사 딸이 얼마나 기도 잘하나 보자, 네가 한번 기도해봐라."

그 당시 9살이었던 큰아이가 기도를 제법 잘했다. 어린아이가 그렇게 정성껏 대표기도를 드리고는 "예수님 이름으로 기도했습니다"라고 기도를 끝내면 어른들은 일제히 그 아이를 향해 과장된 칭찬이 쏟아낸다.

"아이고, 어린 애가 기도도 잘하네? 맛있는 것 사줄게."

그러면 6살 먹은 동생이 경쟁의식을 느껴 "나도 기도할 거야"라며

혀 짧은 소리로 더듬더듬 기도를 한다. 그렇게 기도가 끝나면 또 어른들의 칭찬이 쏟아졌다.

이렇게 며칠이 지났는데, 가만히 보니 이 녀석들의 기도가 하나님께 드리는 게 아니었다. 기도가 끝나자마자 칭찬해줄 주변 어른들을 의식한 기도인 것이다. 심지어는 한참 기도를 하다가 이게 아니다 싶으면 "다시 할래"라고 하며 기도를 취소하고 다시 하기도 했다. 교육적으로 굉장히 나쁘다는 생각이 들었다.

그래서 하루는 의도적으로 장난 비슷하게 기도하는 모습을 보고 크게 혼을 냈다. 하나님 앞에서 기도할 때는 사람들을 의식하면 안 된다고 야단을 쳤다. 아이가 당시 9살밖에 안 되었으니 왜 혼내는지 이해하기가 어려웠을 것이다. 어른들이 하라고 해서 했는데 자기가 왜 혼나야 하는지 그 어린아이가 어떻게 이해할 수 있었겠는가?

우리 어른들이 이런 식으로 사람을 의식하게 만드는 교육을 하고 있지는 않은지 돌아봐야 한다. 이런 식의 교육은 자꾸 사람을 의식하게 만든다.

교회에서 봉사하는 많은 분들이 열심히 봉사하신다. 그러나 박수 쳐주면 신이 나서 하고, 그런 격려가 없으면 사기가 꺾이는 경우를 자주 본다. 이런 일이 일어나지 않도록 오늘 주님이 우리에게 주신 "주의하라"라는 말씀을 늘 마음에 새겨야 한다.

사람 의식하는 것이 나쁜 이유

그렇다면 사람을 의식하는 행위가 왜 나쁜가? 사람에게 잘 보이려고 하는 행위가 왜 위험한가?

죄성을 가진 우리 인간은 그 사람이 하는 일들에 대해 공정하게 평가할 능력이 없다.

> 사람은 외모를 보거니와 나 여호와는 중심을 보느니라 삼상 16:7

우리도 하나님처럼 중심을 꿰뚫어보는 균형을 갖춘 능력을 가졌다면 별 문제가 없겠지만, 불행하게도 우리에게는 그런 능력이 없다. 그러다 보니 자꾸 겉으로 보이는 것만으로 사람을 평가하려는 경향을 보인다. 그러니 중심을 보지 못하고 겉으로 보이는 것만으로 판단하는 사람을 의식하다 보면 당연히 겉으로 보이는 외적인 것에만 신경을 쓰게 될 위험이 있다.

이것이 왜 위험한 일인가? 하나님은 여전히 그 사람의 '중심'을 보시는 분이기 때문이다. 자꾸 외적인 것에만 관심을 기울이고 스스로를 포장하는 일에만 몰두하면 하나님은 그런 사람을 역겨워하신다. 그래서 예수님이 이런 말씀을 주시지 않았는가?

> 또 너희는 기도할 때에 외식하는 자와 같이 하지 말라 마 6:5

여기서 쓰이는 '외식'의 원어적 의미는 '연극인'이다. 자기의 감정, 생각과 관계없이 극본에 나와 있는 대로 연기하는 사람을 연극인이라고 한다. 사람에게 잘 보이려고 자꾸 그럴듯하게 치장하고 포장하다 보면 우리도 모르게 연극인과 비슷하게 된다. 목사인 내가 강단에서 하나님의 말씀을 붙잡고 일주일 동안 그분의 음성을 사모하고 씨름한 말씀을 나누지 않고, 사람들이 좋아하는 말을 의식하고 연극인처럼 대사만 읊는다면 그것처럼 비참한 인생도 없을 것이다. 그런 의미에서 우리는 주님이 우리에게 "주의하라"고 말씀하신 그 대목을 붙잡고 의식하며 살아야 한다.

그래서 분당우리교회는 개척 초기부터 작은 몸부림을 치고 있다. 먼저 예배 때 헌금바구니를 돌리지 않았다. 지금은 많이 익숙해졌지만, 초기에는 많은 분들이 불편을 호소했다. 헌금 시간이 따로 있을 줄 알았는데, 그게 아니어서 헌금할 기회를 놓쳐버렸다는 것이다.

또 헌금에 관한 설교도 잘 하지 않는다. 헌금은 강요한다고 되는 게 아니라 은혜 받으면 저절로 하나님께 드리고 싶은 마음이 생겨나는 것이라고 믿기 때문이다.

그리고 예배 시간에 헌금 명단을 불러주는 일, 십일조 명단을 주보에 내는 일 또한 하지 않는다. 그렇게 하다 보면 체면 때문에 사람을 의식하는 헌금 생활을 할 위험이 있기 때문이다. 우리는 하나님 앞에서, 하나님만 아시면 된다는 훈련을 계속 해야 한다.

마태복음 6장 2-18절에서 주님은 신앙생활의 세 가지 대표적인 사례를 들어 행하는 그 행위 속에 사람을 의식하지 말라는 말씀을 하신다. 예수님이 말씀하신 세 가지 사례의 첫 번째는 구제에 관한 문제이다. 두 번째는 기도생활에 관한 문제이고, 세 번째는 금식에 관한 문제이다. 여기서는 이 세 가지 사례 중 첫째 사례인 구제생활에 관한 말씀만 나눠보자.

우리가 하나님을 의식하는 구제를 하기 위하여 본문을 통해 얻게 되는 세 가지 교훈이 있다. 하나씩 살펴보자.

하나님이 구제를 명하셨다

첫째, 구제는 믿는 우리에게 요구하시는 하나님의 명령이다.

예수님은 1절에서 "사람에게 보이려고 너희 의를 행하지 않도록 주의하라"라는 주의를 주시며, 여러 사례 가운데 '구제'를 첫 번째 사례로 드셨다. 왜 그렇게 하셨을까?

자칫하면 사람을 의식해서 하게 될 위험이 있는 것이 구제이기 때문일 것이다. 그리고 그것보다 더 중요한 이유는 연약한 이웃을 돕는 구제야말로 예수 믿는 사람들이 우선순위로 두어야 할 덕목이기 때문일 것이다. 성경 곳곳에는 구제에 관한 명령이 자주 등장한다.

야고보서 1장 26절에도 보면 충격적인 발언이 나온다.

누구든지 스스로 경건하다 생각하며 자기 혀를 재갈 물리지 아니하고 자기 마음을 속이면 이 사람의 경건은 헛것이라 하나님 아버지 앞에서 정결하고 더러움이 없는 경건은 곧 고아와 과부를 그 환난 중에 돌보고 약 1:26,27

우리가 생각하는 경건과는 전혀 다른 기준을 제시하는 말씀에 자칫하면 혼란을 느끼기 쉽다. 우리가 생각하는 경건은 자기 내면 세계를 다듬은 정적인 특성을 가진 그 무엇이라 생각하는데, 하나님께서는 적극적으로 고아와 과부를 비롯한 가난하고 어려운 이웃을 돕는 외적인 행위로 규정하고 있는 것에 대해 어떻게 생각하는가? 하나님의 관점에서 구제는 이처럼 중요하다.

이런 면에서 우리는 자신을 깊이 돌아봐야 한다. 비록 구제 행위가 자칫하면 사람을 의식하기 쉬운 위험성을 내포하고 있지만, 마태복음 5장 20절에서 주시는 예수님의 경고의 말씀을 잊어서는 안된다.

내가 너희에게 이르노니 너희 의가 서기관과 바리새인보다 더 낫지 못하면 결코 천국에 들어가지 못하리라 마 5:20

예수님이 당시 외식하던 서기관과 바리새인을 얼마나 혐오하셨는지 알지 않은가? 그런데 예수님은 왜 이런 말씀을 하셨는가? 겉만 보고 판단하는 사람을 의식하기보다는 중심을 보시는 하나님을 의식하며 사는 바른 정신을 가지고 사는 사람들이라면 더욱 그 바른 정신이 삶으로 나타나야 한다는 것이다. 생각만 건전한 것이 아니라 그 건전한 생각이 실제 삶에서 드러나야 한다는 것이 예수님의 생각이시다.

올바른 동기로 구제하라

둘째, 하나님은 구제하되 올바른 동기로 구제하기를 원하신다.

여기서 한 가지 균형을 잡아야 한다. 이런 말씀을 들으면 우리는 균형을 잃기 쉬운 위험이 있다. "오른손이 하는 일을 왼손이 모르게 하라", "사람을 의식하자 말라"는 면만 강하게 인식하다 보면 한쪽으로 치우치게 된다.

예수님은 마태복음 6장 1절에서 "사람에게 보이려고 그들 앞에서 너희 의를 행하지 않도록 주의하라"라고 하셨는데, 바로 그 앞인 마태복음 5장 16절에서는 이렇게 말씀하셨다.

이같이 너희 빛이 사람 앞에 비치게 하여 그들로 너희 착한 행실을 보고 하늘에 계신 너희 아버지께 영광을 돌리게 하라 마 5:16

분명히 사람에게 보이기 위해 행하지 말라고 말씀하셨는데 바로 앞 구절에서는 사람 앞에 네 행위를 보여서 하나님께 영광을 돌리게 하라고 말씀하신다. 예수님은 왜 이렇게 말씀하셨는가? 예수님은 상황에 따라 말이 바뀌는 분이신가?

이 말씀은 그 행위 속에 감추어져 있는 '동기의 문제'로 풀어야 한다. 자기가 행하는 그 일을 통해 하나님께 영광이 되기를 원하는 동기가 있다면 그 선한 행실을 잘 알리는 것도 필요하다는 말씀인 것이다.

이런 면에서 나는 "오른손이 하는 일을 왼손이 모르게 하라"는 말씀도 지켜야 하겠지만, 때로는 오른손이 하는 일을 적극적으로 왼손에게 알려서 왼손도 그 일을 하도록 독려하는 일도 필요하다고 생각한다. 특히나 지금처럼 한국교회는 마치 거대한 '탐욕 집단'인 것처럼 매도당하고 있는 현실이라면 더 말할 것도 없다.

결국 이것은 중심의 문제이다. 우리 중심이 어디를 향해 있는가 하는 것이다.

구제는 하나님께 드리는 것

'구제'가 연약한 사람을 돕는 것이 아니라 '우리 하나님께 드려지는 행위'라는 중심을 가진 사람만이 진정한 구제를 할 수 있는 이유가 있다. 왜 우리가 가난한 이웃들을 도와야 하는가?

우리 주 예수 그리스도의 은혜를 너희가 알거니와 부요하신 이로서 너희를 위하여 가난하게 되심은 그의 가난함으로 말미암아 너희를 부요하게 하려 하심이라

고후 8:9

내가 누리는 이 모든 축복된 삶은 예수 그리스도께서 스스로 가난한 자리로 내려오셨기 때문이라는 이 말씀이 참 감동이 된다. 만약에 우리에게 이런 감동이 있다면 우리에게는 어떤 빚진 마음이 있어야 하는가? 오늘 이 순간에도 주님의 사랑의 빚을 누리지 못하는 수많은 사람들, 여전히 영육 간에 가난하고 어려운 이웃들에 대하여 빚진 자의 심정을 갖는 것이 정상 아니겠는가?

오래전, 북한을 방문하여 37층 호텔에서 평양 시내를 내려다볼 때 가졌던 부담감이 바로 이런 것이었다. 내가 남한을 선택했는가? 내가 똑똑하고 선견지명이 있어서 남한으로 결정한 것인가? 아니다. 태어나보니 부모님이 북한이 아닌 남한에 자리를 잡으셨고, 그곳에서 나를 낳아주신 것이다. 밤 10시가 되면 평양 시내 전역이 일제히 소등되어 암흑천지가 되는 그 놀라운 현장을 바라보면서 내가 하나님께 받은 가장 큰 축복 중 하나가 나의 부모님이 휴전선 이남에서 나를 낳아주신 것이라는 생각을 했었다. 태어날 때부터 이런 혜택을 받아 풍요롭게 사는 우리는 당연히 그들을 보며 거룩한 부담감을 가지는 것이 정상이라는 생각도 했었다.

우리는 어떤가? 내 아이 공부시키기에 충분한 경제적 여유가 있고, 원하는 것을 하고도 돈이 남는다면 하나님이 내게 주신 은혜의 혜택이 평균 이상이라는 것이다. 하나님은 경제적으로 넉넉한 사람들이 그렇지 않은 이웃에 대해 거룩한 부담감을 갖고 그들을 섬기며 살기 원하신다.

나는 종종 전세값을 올리지 말아달라고 부탁하는 설교를 하곤
한다. 사업하는 분들에게는 직장을 구하지 못해서 힘들어하는 젊
은이들을 생각해서 필요한 인원보다 한 명만 더 고용해달라는 부탁
도 한다. 구제는 연약한 이웃을 돕는 것일 뿐 아니라 하나님을 섬
기는 행위이기 때문이다.

식사 기도하면서 "이렇게 풍요로운 식탁을 주서서 감사합니다.
아멘" 하고 끝내지 말고 이렇게 덧붙이지 바란다.

"지금 이 순간에도 먹지 못하고 입지 못하는 우리의 이웃들에게도
똑같이 채워주시기를 원합니다. 북녘땅에서 추위와 배고픔에 떨고
있는 우리의 이웃들에게도 주님의 은총이 공급되는 그날을 허락해
주시기를 원합니다."

이런 중심이 우리에게 세워지기를 주님이 원하고 계신 것이다.

꿈을 품고 구제하라

셋째, 하나님이 우리에게 주시는 교훈은 구제하되 꿈을 품고 구
제하라는 것이다.

네 구제함을 은밀하게 하라 은밀한 중에 보시는 너의 아버지께서 갚으시리라

마 6:4

어떤 사람이 구제하는가? 이런 꿈이 있는 사람이 구제한다.

"사람은 알아주지 않지만 우리 하나님은 아실 것이다. 내가 정성을 다해 이웃을 섬기면 하나님께서는 더욱 풍성하게 채워주실 것이다."

북한을 방문할 때 함께 동행한 분 중에 연로하신 장로님이 계셨다. 이분과 평양에서 대화를 나누다가 눈시울이 붉어진 대목이 있었다. 당시 60세가 넘으신 어른이 이렇게 말씀하셨다.

"목사님, 저는 제 인생 30년을 조국 한국에서 잘 살았고요. 나머지 인생 30년을 미국으로 이민 가서 풍요롭게 잘 살았습니다. 그래서 이제 남은 인생은 덤으로 생각하고 북한에 있는, 중국과 러시아에 있는 연약한 이웃들을 섬기며 살려고 합니다."

그래서 미국 시민권자인데 미국 생활을 다 정리했다. 살던 집도 다 처분하고, 자녀들은 기숙사 학교로 보내고는 북한과 인접해 있는 블라디보스토크에 큰 감자밭을 사서 농사를 짓고 있다고 했다. 그곳에서 북한에서 넘어온 젊은이들을 고용하고 있는데 상당히 많은 숫자였다.

그 아이들을 따뜻한 사랑으로 대해주고, 월급도 다른 곳보다 훨씬 많이 주고, 틈틈이 살아 계신 하나님을 증거하고 계셨다. 북한에서 넘어와 일하는 아이들이 이 장로님을 아버지라고 부른다고 한다. 그 감자밭에서 소출한 상당히 많은 감자를 북한의 가난한 사람에게도 보내주었다고 한다.

이런 이야기를 듣는데 내 가슴에도 불이 붙는 것 같았다.

'아, 멋있다. 나도 저렇게 내 인생의 후반전을 멋지게 보내면 좋겠다.'

지금까지 이만큼 누리고 이만큼 혜택 받으며 살았으면 충분하지 않은가? 나는 은퇴하신 크리스천들이 러시아로, 중국으로, 몽골로 많이 나가셨으면 좋겠다. 곳곳으로 뻗어나가서 우리 인생의 후반전을 연약한 자들을 섬기고 구제하고 복음을 전하며 살았으면 좋겠다. 이런 의미에서 나는 우리 교회의 성도들에게 이런 말을 자주 한다.

"분당우리교회에서 뼈 묻을 생각 하지 마십시오!"

물론 분당우리교회에서 오래 섬겨야 할 분도 필요하다. 그러나 이곳에서 제자훈련 받고 양육 받아서 더 약한 교회로 가서 섬기는 분들이 많이 일어나야 한다. 분당우리교회는 평균 이상의 은혜를 받은 교회이다. 은혜 받아 헌신하는 봉사자도 많고 헌신자도 많다. 그렇기 때문에 분당우리교회는 빚진 자의 심정을 가지고 약한 교회를 섬겨야 한다.

우리는 이런 중심으로 살아야 한다. 평균 이상으로 살면서 혜택을 받고 있다면 그 자체만으로도 거룩한 부담감을 가지고 살아야 한다. 우리 하나님은 뭔가 위대한 업적을 남기고 세상에 이름이 날 정도로 화려한 것을 이루어야만 박수쳐주는 분이 아니시다. 비록 보잘것없는 작은 일이라 할지라도 우리 내면의 그 동기를 보시고 우리를 큰 자라고 인정해주신다.

방북 때 만났던 그 장로님 부부는 미국에서의 30년 기반을 다 내려놓고 연로한 몸으로 연해주의 블라디보스토크에서 고생하고 계시지만, 그 몸에서 향기가 진동했다. 분명 미국에서 살 때와는 비교도 안 될 정도로 남루하고 초라한 차림이었을 테지만 말이다.

우리 인생이 평균 이상의 혜택을 받은 자라고 인정이 된다면, 지금까지 내가 어떻게 살았는지, 하나님이 주신 수많은 혜택을 탐욕적으로 사용하지는 않았는지 되돌아봐야 한다.

하나님께 내 삶의 몇 퍼센트를 드렸는가? 내 삶의 몇 퍼센트를 이웃을 구제하는 데 드렸는가? 우리의 삶을 어떻게 살아야 될지 주님 앞에 묻고, 주님이 기뻐하시는 구제를 하고, 연약한 이웃을 돌보고 섬기며 살다가 하나님의 부르심 앞에 기쁘게 나아가는 인생이 되기를 바란다.

느헤미야서 1장 1~11절

하가랴의 아들 느헤미야의 말이라 아닥사스다 왕 제이십년 기슬르월에 내가 수산 궁에
있는데 내 형제들 가운데 하나인 하나니가 두어 사람과 함께 유다에서 내게 이르렀기로
내가 그 사로잡힘을 면하고 남아 있는 유다와 예루살렘 사람들의 형편을 물은즉 그들이
내게 이르되 사로잡힘을 면하고 남아 있는 자들이 그 지방 거기에서 큰 환난을 당하고
능욕을 받으며 예루살렘 성은 허물어지고 성문들은 불탔다 하는지라 내가 이 말을 듣고
앉아서 울고 수일 동안 슬퍼하며 하늘의 하나님 앞에 금식하며 기도하여 이르되 하늘의
하나님 여호와 크고 두려우신 하나님이여 주를 사랑하고 주의 계명을 지키는 자에게 언
약을 지키시며 긍휼을 베푸시는 주여 간구하나이다 … 주여 구하오니 귀를 기울이사 종
의 기도와 주의 이름을 경외하기를 기뻐하는 종들의 기도를 들으시고 오늘 종이 형통하
여 이 사람들 앞에서 은혜를 입게 하옵소서 하였나니 그때에 내가 왕의 술 관원이 되었
느니라

13
영향력을
회복하라

혼란의 소용돌이

《세상 중심에 서다》라는 책의 서문에는 건강한 리더십을 가진 지도자 한 사람의 영향력이 얼마나 크고 놀라운가를 여러 사례를 들어 열거한다. 예를 들면, 싱가포르의 리콴유(Lee Kuan Yew) 전 총리 같은 경우이다. 싱가포르는 1950년대만 해도 가난과 부패, 범죄의 온상으로 알려졌던 나라 아닌가? 그런데 리콴유는 놀라운 리더십을 발휘하여 많은 사람들이 부러워하는 일류 국가로 만드는 데 이바지했다.

그런가 하면 두바이의 세이크 모하메드 국왕도 이와 마찬가지다. 그의 창조적인 리더십이 중동의 작은 도시 두바이를 전 세계 투자자들이 침을 흘리며 달려드는 매력적인 도시로 만들었다. 사막의

스키장, 해저 호텔, 허허벌판 해변가의 IT 도시, 세계 최고의 고층 빌딩 등 추진하는 것들마다 너무나 창의적인 아이디어들로 두바이를 삽시간에 매력적인 도시로 변모시켰다.

그런가 하면 토니 블레어 영국 총리, 스웨덴의 요한 페르손 총리 같은 분들도 다 강력한 리더십을 가진 선한 영향력을 설명하는 데 훌륭한 모범이 되었다. 내가 다시 그 책을 꺼내 읽으며 이런 기도가 나왔다.

"하나님, 우리 조국 대한민국에도 이렇게 깨끗하고 강한 지도력을 가진 지도자를 허락해주시기를 원합니다."

그렇다. 지금이야말로 혼란에 빠진 대한민국을 제대로 이끌 강력한 지도자가 필요한 때이다. 이 나라는 그야말로 풍전등화의 위기에 빠졌다. 정치면 정치, 경제면 경제, 외교면 외교, 어느 하나도 위기가 아닌 것이 없다.

무기력한 교회가 가장 큰 걱정이다

나라를 생각하면 이것도 걱정이고 저것도 걱정이지만 진짜 걱정이 있다. 사회가 이렇게 병들고 어려움을 겪는데 전혀 힘을 쓰지 못하는 무기력한 교회의 모습이 내 마음을 너무나 아프게 하고 근심하게 한다.

지금 세상은 교회를 향해 '자정 능력을 잃어버렸다. 맛을 잃어버린 소금이다'라고 비판한다.

그런데 세상 사람들이 교회를 비판하는 것 이상으로 마음 아픈 현상이 하나 있는데, 믿는 사람들이 교회를 바라보는 시각이다. 너무나 많은 사람들이 교회 공동체에 열등감을 가지고 있다. 자신은 크리스천이라고 당당하게 밝히며 예수님을 전하는 경우가 점점 줄어들고 있다. 같은 직장 안에서 누가 크리스천인지 제대로 알 수 없을 만큼 예수 믿는 것을 숨긴다. 그리고 모이면 교회를 비판하기 바쁘다.

"교회가 썩었어. 교회가 문제야. 교회가 능력을 잃어버렸어."

거의 습관처럼 비관적인 말들이 오간다.

《자아가 자아를 엿보다》라는 책은 내면세계에 대해 심도 있게 다루고 있다. 저자는 그 책에서 자기 비하에 대해 설명하면서, 자기 비하가 두 종류로 나뉜다고 말한다. 하나는 개인적 차원에서의 자기 비하이고, 또 다른 하나는 공동체적 차원에서의 자기 비하이다.

그런데 중요한 것은 개인적 차원이든 공동체적 차원이든 자기 비하의 깊은 뿌리 속에는 전적으로 하나님을 신뢰하지 못하는 불신앙이 자리 잡고 있다는 것이다.

개인적 차원의 자기 비하는 왜 생기는가? 하나님 형상을 닮은 존귀한 존재로서의 자기 자신을 바라보지 못하기 때문에 생긴다. 이것은 공동체적인 자기 비하도 마찬가지이다. '교회는 희망이 없어'라는 말 속에는 교회의 머리 되시는 예수 그리스도를 인정하지 않는 불신앙이 담겨 있다는 것이다.

스티븐 호킹 박사를 아는가? 그는 루게릭 병으로 몸을 제대로 가누지 못한다. 그러나 그 누구도 그것 때문에 스티븐 호킹 박사를 '초라한 인간이다, 실패한 인생이다'라고 말하지 못한다. 그에게는 비상한 머리가 있기 때문이다.

나는 한국교회를 생각할 때마다 이 사실을 상기하기 원한다. 현실적으로 한국교회의 몸은 스티븐 호킹 박사처럼 정상적인 기능을 못하고 있는지 모른다. 교회의 현실을 보면 영적으로 몸을 가누지 못하는 초라한 모습을 감출 수 없다. 그러나 그럼에도 불구하고 교회는 여전히 위대하다. 왜냐하면 교회의 머리 되시는 예수 그리스도께서 여전히 위대하시기 때문이다.

우리는 이 사실을 잊어서는 안 된다. 현실 교회를 보며 비관하는 많은 성도들이 이 사실을 자각하게 되기 바란다. 그래서 성도들의 내면에 만연해 있는 자기 교회를 향한 열등감이 긍지로 바뀌는 놀라운 일이 일어나기 바란다.

아빠에 대한 건강한 자부심

막내가 초등학교 저학년 때 있었던 일이다. 막내의 친구 엄마가 자기 아들과 우리 아이를 데리고 서울에 볼일을 보러 갔다. 돌아오는 길에 포장마차에 들러 어묵과 닭꼬치를 사줬다. 당시 막내는 우리 집에서 믿음이 제일 좋던 아이였다. 새우깡 하나를 들고도 기도하고 먹는 아이였다. 그날도 당연히 닭꼬치를 들고 한참을 기도했다. 그 어린아이의 모습이 특이하지 않았겠는가? 기도가 끝나자 포장마차 주인이 물었다.

"너 교회 다니는구나? 어느 교회 다니니?"

그러자 막내가 "분당우리교회요"라고 대답했는데, 이분이 "그 교회 나도 알아. 좋은 교회 다니네?"라고 말씀하셨다. 그랬더니 이 녀석이 대뜸 하는 말이 "교회가 좋은 게 아니고 담임목사님이 좋은 거겠죠"라고 했다는 것이다. 다음 날 아침에 가족이 함께 식사하는데 아내가 그 이야기를 전해줬다. 기분이 좋았다. 어릴 때부터 자기 아버지와 자기 가족에 대해 그런 긍정적인 생각을 가지고 있다는 것이 얼마나 좋은 일인가?

같은 맥락에서 나는 한국교회 성도들 안에 자기가 출석하는 교회에 대한 열등감이 사라지고 대신에 자부심으로 채워지기 원한다. 그래서 나는 기도한다. 위기에 빠진 우리나라를 다시 일으켜 세워줄 지도자를 허락해달라고.

"하나님, 우리나라에도 리콴유 같은, 세이크 모하메드 같은 그런 지도력을 가진 인물을 허락해주십시오!"

그리고 이 기도를 드릴 때마다 덧붙여 기도한다. 위기에 빠진 한국교회를 다시 일으켜 세울 교회 지도자도 허락해달라고. 특히 교회를 섬기는 각 교회의 담임목사님들에게 이런 강력한 영적인 지도력을 허락해달라고. 이것은 이 땅을 사는 모든 크리스천이 함께 드려야 할 기도제목이라 믿는다.

이런 맥락에서 우리가 귀감으로 삼아야 할 한 인물을 소개하고 싶다. 바로 느헤미야이다.

혼란을 타개할 역할 모델, 느헤미야

나는 느헤미야를 참 존경한다. 느헤미야가 살았던 시대는 우리보다 훨씬 어려운 문제가 산적해 있었다. 오래전 조국 유다는 바벨론에 망해 비참하게도 자국민들은 바벨론으로 포로가 되어 끌려갔다. 그러다가 국제 정세가 바뀌어 신흥 강대국이었던 페르시아에 바벨론이 붕괴된다. 그 덕분으로 우리나라처럼 자력에 의해서가 아니라 외부의 힘에 의해 포로로 끌려갔던 유다 백성들이 자기 고향으로 귀환하고 있는 상황이다.

어느 사회나 과도기에는 혼란이 있기 마련 아닌가? 그런 상황이 바로 느헤미야가 살던 시대 상황이다. 그 시대가 어떤 상황인지 느헤미야서 1장 3절에 잘 나타나 있다.

> 그들이 내게 이르되 사로잡힘을 면하고 남아 있는 자들이 그 지방 거기에서 큰 환난을 당하고 능욕을 받으며 예루살렘 성은 허물어지고 성문들은 불탔다 하는 지라 느 1:3

이런 극심한 혼란 속에 느헤미야는 강한 지도력을 발휘한다. 그는 바벨론이 무너뜨렸던 예루살렘 성벽을 국민의 마음을 하나로 모아 52일만에 재건하는 놀라운 역사를 일으켜서 민족의 자존감을 회복시킨다.

그런데 내가 주목하는 것은, 느헤미야의 탁월한 리더십보다도 그의 마음의 중심이었다. 그의 탁월한 리더십도 대단한 것이었지만 그것보다 더 귀한 것이 그의 마음 중심이었기 때문이다.

나는 느헤미야서를 읽으면서 그에게 배워야 할 귀한 마음의 중심 몇 가지를 발견했다. 이것들을 살펴보며 우리의 내면도 이런 은혜로 채워지기를 원한다.

느헤미야는 약자에 관심을 기울였다

첫 번째로 느헤미야에게서 발견되는 귀한 마음의 중심은, 그는 사회적 약자들에게 관심이 있었던 사람이란 것이다.

1절에 보면 느헤미야는 수산 궁에 거하고 있었다. 수산 궁은 당시 페르시아의 아닥사스다 왕이 기거하던 곳이다. 또 11절을 보면 느헤미야는 왕의 술 관원이 되었다고 기록한다.

우리나라 사극에서도 왕의 수라상, 즉 임금님이 식사를 드시기 전에 음식을 확인하는 신하가 나온다. 당시 세계를 제패했던 페르시아 왕이었기에 아닥사스다 왕은 항상 암살의 위협 속에 있었다. 그래서 이런 역할은 아무에게나 맡기지 않는다. 특별히 신임하는 사람에게 맡긴다. 느헤미야는 요즘으로 치자면 청와대의 비서실 혹은 경호실에 근무하는 고위간부 정도로 생각하면 맞다. 입지전적인 인물이다. 할아버지 대에 포로로 끌려온 이민 3세인 그가 이런 놀라운 자리에 올라선 것이다.

그런데 내가 주목하는 것은 이런 위치에 올라선 느헤미야의 마음 중심이 어디에 머물러 있는가 하는 것이다. 어려움을 당하는 조국 유다, 그 백성에게 그의 마음이 머물러 있었다. 2절을 보자.

> 내 형제들 가운데 하나인 하나니가 두어 사람과 함께 유다에서 내게 이르렀기로 내가 그 사로잡힘을 면하고 남아 있는 유다와 예루살렘 사람들의 형편을 물은즉
> 느 1:2

그는 부와 성공의 상징인 수산 궁에서 호의호식하고 있었지만, 그의 마음은 가난한 자기 동족, 어려움을 당하는 자기 이웃에게 머물러 있었다. 참 귀한 모습 아닌가? 하나님이 이런 느헤미야의 마음을 귀하게 여기셨다고 믿는다.

우리도 느헤미야처럼 호화로운 궁궐에서 누릴 것에만 관심을 갖고 사는 존재가 아니라 이런 저런 일로 어려움을 당하고 있는 이웃에게로 우리 시선을 돌려야 한다. 이런 부담감을 갖고 있기에 많은 교회들이 복지재단을 비롯하여 약자들을 섬기는 기관을 만들어 많은 헌금과 인력을 투입하고 있다.

우리 교회에서 운영하는 복지재단에도 참 귀하고 신실한 일꾼들이 많다. 젊은 나이에 복지사가 되어 연약한 이웃을 섬기는 그 모습

이야말로 느헤미야처럼 약한 이웃을 향해 자기 시선을 돌리는 태도가 아니면 어려운 일 아니겠는가?

교회 안에 조직해 있는 이웃사랑부에서 섬기는 분들을 봐도 머리가 숙여진다. 외로이 홀로 사시는 독거 어르신들이나 여러 사연을 가진 이웃을 위해 정성껏 밑반찬을 만들어 섬기는 봉사자들을 보면 그 열심과 열정의 바탕에 느헤미야와 같은 선한 마음이 있음을 느낀다. 뿐만 아니라 어려운 가정에서 자라는 아이들을 위해 무료 과외로 섬기는 봉사자들을 봐도 그 선한 마음에 머리가 저절로 숙여진다.

내가 늘 주장하는 것이 있다. 그 사람의 마음이 머무는 그것이 사명이라는 사실이다.

느헤미야는 이민 3세였다. 한 번도 예루살렘을 방문한 적이 없다. 그런데도 그의 마음은 조국 유다를 향해 있다. 이것이 그의 사명인 것이다. 이 사명이 성벽을 52일 만에 재건하게 만드는 역동적인 에너지가 되었다.

나는 만 10년을 청소년 사역을 했다. 그 10년의 세월 동안 나는 길을 가는 중학생만 봐도 가슴이 뛰었다. 불철주야 학교를 뛰어다니고 가출한 아이들을 찾아서 만나고, 본드 하는 녀석을 만나고, 임신한 중학생 아이를 만나고, 사고 친 아이들을 좇아다니며 뒤처리해도 아이들에게 진절머리가 나는 것이 아니라 자꾸 마음이 쓰였다. 밤 10시까지 아이들 뒷바라지하다가 집에 들어와도 전화가 오면 체육복을 입고 뛰쳐나갔다. 그런데도 피곤하지가 않았다.

마음이 가는 그것이 사명이다. 자꾸 마음이 가는 무엇인가가 있는가? 아이들을 보면 가슴이 뛰는가? 가난한 사람들을 보면 자꾸 마음이 가는가? 장애인을 보면 마음이 뜨거워지는가? 그것이 사명이다.

느헤미야는 책임 공유의 정신을 가졌다

두 번째로, 느헤미야에게서 배우는 것은 그가 가진 책임 공유의 정신이다.

느헤미야는 유다의 비참한 소식을 듣고 하나님께 기도한다. 이때 눈이 번쩍 뜨이는 기도 한 대목을 발견했다. 느헤미야서 1장 6절 말씀이다.

이제 종이 주의 종들인 이스라엘 자손을 위하여 주야로 기도하며 우리 이스라엘 자손이 주께 범죄한 죄들을 자복하오니 주는 귀를 기울이시며 눈을 여시사 종의 기도를 들으시옵소서 나와 내 아버지의 집이 범죄하여 느 1:6

느헤미야는 지금 자기 조국 유다가 그런 어려움을 당하는 것이 하나님 앞에 범죄한 결과라고 분석한다. 그런데 중요한 것은, 그 범죄의 범주 속에 '나와 내 아버지의 집'이라고 하면서 자기 자신을 포함시킨다는 것이다. 말이 안 되는 이야기다. 그는 이민 3세이다.

한 번도 유다를 방문한 적도 없는 사람이다. 그런데 무슨 책임이 있는가? 나는 이런 느헤미야의 정신을 배워야 한다고 생각한다.

오늘 한국 사회의 가장 무서운 병 중의 하나는 책임 전가이다. 어려움이 있는 가정일수록 남편은 아내를, 아내는 남편을 정죄한다. 교회가 썩었다고 날마다 침 뒤기며 이야기하지만, 그 썩은 교회 안에 자기도 포함된다는 것을 간과하는 게 우리의 연약함이다. 위기를 맞은 가정이 회복되기 위한 첫 출발은 '상대방 배우자에게도 문제가 있지만 자기 잘못도 크다'는 사실을 인정하는 것이다.

느헤미야는 실제적으로 자기가 책임질 일도 아니지만 "나와 내 아버지의 집이 범죄하여"라고 말했다. 오늘 우리가 회복해야 될 것이 바로 이 심정이다.

"나라가 어렵게 된 것은 나의 범죄함 때문입니다."

이 정신을 가져야 한다.

이런 정신을 가진 사람이 한 명 더 있다. 구약에 나오는 여호수아이다. 여호수아서 7장에 보면 홍해를 건너 가나안 땅을 정복하는 과정에서 이스라엘이 아이 성이라는 조그마한 성과 전쟁을 벌여 대패하는 장면이 나온다.

당연히 이길 것이라고 생각했던 전투에서 의외의 결과가 나오니 망연자실하여 원인을 분석했다. 그러자 아간이라는 한 범죄자로 인해 전쟁에서 패한 사실이 드러났다. 그러나 내가 충격을 받은 것은 여호수아의 태도 때문이다. 그는 마치 자기로 말미암아, 자기 죄 때문에 그런 것처럼 머리를 풀어헤치고 하루 종일 하나님 앞에 나아가 눈물로 회개하며 기도했다.

> 주여 이스라엘이 그의 원수들 앞에서 돌아섰으니 내가 무슨 말을 하오리이까
>
> 수 7:8

범죄는 아간이 저질렀는데, 아무 잘못 없는 지도자 여호수아가 "내가 죄인입니다. 내가 무슨 말을 하겠습니까"라며 자복하고 회개하는 모습을 보인다. 나는 우리나라에 이런 지도자가 등장할 그날을 기다린다. 그리고 나 자신이 이런 지도자가 되게 해달라는 기도를 드린다.

나는 또 우리 가정의 가장들이 이 말씀 앞에서 깨어지기를 원한다. 가장이 남 탓 하지 않고 '내 탓이오'라고 외칠 때 그 가정은 회복될 줄 믿는다. 아내들도 마찬가지다. 모두가 다 가슴을 치며 '내 탓입니다, 내 잘못입니다'라고 눈물로 회개하는 여호수아의 심정이 회복될 때 그 가정은 새로운 출발을 경험하게 될 것이다.

느헤미야는 어려울 때 하나님을 의지했다

세 번째로, 느헤미야에게서 배우는 귀한 마음의 태도는, 그는 어려울 때 하나님을 의존하는 태도를 보여주었다는 것이다.

그는 위기를 만난 조국의 소식을 듣고 두 가지 태도를 취한다.

하나는 감정 이입이다. 가보지도 못한 조국이지만 눈물을 흘린다. 귀한 마음이다.

더 귀한 것은 느헤미야는 그러고 끝내지 않았다는 것이다. 그 문제를 풀기 위해 대안을 마련한다. 바로 기도이다.

> 내가 이 말을 듣고 앉아서 울고 수일 동안 슬퍼하며 하늘의 하나님 앞에 금식하며 기도하여 이르되 하늘의 하나님 여호와 크고 두려우신 하나님이여 주를 사랑하고 주의 계명을 지키는 자에게 언약을 지키시며 긍휼을 베푸시는 주여 간구하나이다 느 1:4,5

느헤미야에게는 한 가지 믿음이 있었다.

'이 민족의 혼란과 어려움을 풀어줄 문제 해결의 열쇠는 하나님이 갖고 계신다.'

그 상황을 상상해보자. 그 당시 세계를 제패했던, 가장 강한 권세를 가진 아닥사스다 왕이 자기 옆에 있었다. 그런데 느헤미야는 아닥사스다 왕에게 도움을 청하지 않고 무릎을 꿇고 하나님께 도움을 구한다.

이것이 무엇을 말하는가? 문제 해결의 능력자는 아닥사스다 왕이 아니라 하나님이시라는 것을 그가 알았다는 것이다. 우리가 문제를 만날 때 어떻게 접근하느냐 하는 그것이 우리의 믿음이다.

그런데 나는 느헤미야의 기도 속에서 너무나 멋진 표현을 하나

발견했다. 5절을 보면 "여호와 크고 두려우신 하나님"이라고 묘사하는데, 이 부분을 영어성경 NIV로 보면 이렇게 번역되어 있다.

"the great and awesome God"

"위대하신 하나님, 멋지신 하나님"이란 뜻이다. 이것을 묵상하는데 이 말씀이 내게 얼마나 위로가 됐는지 모른다. 어려움을 만났다. 삶에 먹구름이 드리워졌다. 일이 잘 풀리지 않아 밥맛이 없다. 세상이 매력적이지 않다. 그럴 때 힘 주시는 그 하나님은 "the great and awesome God", 내게 위대하신 하나님, 멋지신 하나님이다. 문제를 보면 살맛이 나지 않는데, 그 위대하신 하나님을 생각하면 세상을 보는 눈이 달라진다.

우리에게 하나님은 어떤 분이신가? 답답한 문제가 있을 때, 내 인생에 먹구름이 드리워질 때, 의지할 사람이 없을 때 느헤미야에게 함께하셨던 그 하나님이 나와도 함께하신다. 내게도 하나님은 "the great and awesome God", 위대하고 멋지신 하나님이다.

이 위대하고 멋지신 하나님을 내 마음에 모시면 두 가지 놀라운 효과가 나타난다. 하나는 기대감이 생기고, 또 하나는 그로 인해 긍정적인 태도를 갖게 된다는 것이다. 그래서 하나님을 마음에 모시고 살면 이런 구호를 외치게 된다.

"문제를 문제 삼지 않으면 문제 될 게 없다!"

이것을 우리 마음의 표어로 삼기 바란다. 문제를 문제 삼으면 날마다 고뇌에 빠진다. 그러나 문제를 문제 삼지 않으면 문제 될 게 없다. 중요한 것은 이런 긍정적인 마음을 갖는 것은 위대하신 하나님을 마음에 모실 때 가능하다는 것이다.

느헤미야처럼 그 하나님을 볼 수 있는 영안이 우리 모두에게 열리길 기도한다.

에베소서 1장 22,23절

또 만물을 그의 발 아래에 복종하게 하시고 그를 만물 위에 교회의 머리로 삼으셨느니
라 교회는 그의 몸이니 만물 안에서 만물을 충만하게 하시는 이의 충만함이니라

14

세상 속에서
사명을 감당하라

꿈과 비전으로 가슴 뛰는 인생

오래전의 일이다. 지금은 소천하셨지만, 우리 교회의 집사님 중에 외부에 꽤 알려진 기독교 리더십 전문 강사님이 계셨다. 그동안 우리나라 곳곳과 외국을 다니며 리더십 강의를 열심히 잘 하셨다. 그런데 그 분에게 청천벽력 같은 일이 일어났다. 건강검진을 받아보니 직장암 말기라는 것이다.

부랴부랴 수술 날짜를 잡고 개복을 했는데, 막상 개복을 하고 보니 손을 쓸 수 없을 정도로 암이 몸 전체에 퍼져 있었다. 암이 간과 복막, 폐까지 전이가 된 심각한 상황이어서 수술도 못하고 도로 덮어야만 했다. 너무 마음이 아팠다.

그런데 들려오는 이야기는 그 분이 조금도 당황하지 않는 모습을 보이시고 의연하게 수용하고 계시다는 것이었다. 그것이 참 인상적이었다. 그러다 또 한 가지 소식이 들려왔는데, 이 집사님이 항암치료를 안 받기로 결정했다는 것이었다. '이건 아닌데' 하는 생각이 들던 중에 한 통의 이메일을 받았다.

어제 종양내과에서 주치의와 상담을 했는데 제게 항암치료는 단지 생명을 연장하는 정도라 하기에, 그것도 그리 길지 않은 시간이라 항암치료는 받지 말아야겠다는 생각을 했습니다. 시시하게 목숨을 연장하기 위해 남은 귀한 시간을 허비할 수 없다는 생각이 크게 좌우했습니다. 제 상황을 알게 된 많은 분들이 하나님께서 더 크게 사용하시기 위해 큰 연단을 주시는 거라고 격려해주었지만, 저는 후에 어떻게 사용될 것인가보다는 지금 제게 주어진 상황을 통해 어떻게 하나님의 영광을 드러내야 할 것인가에 마음의 중심이 있습니다. 그래서 조금 힘에 부치지만 이전과 다르지 않은 삶을 살아내려고 다짐하고 있습니다. 목사님, "녹슬어 없어지기보다 닳아서 없어지자"라는 목사님의 쟁쟁한 말씀과, "내가 주를 의뢰하고 적군을 향해 달리며 내 하나님을 의지하고 담을 뛰어넘나이다"라는 시편 말씀을 마음에 담고 하나님의 사람답게 살아내겠습니다. 목사님, 주일 예배가 기다려집니다.

그리고 또 다시 그 분에게 이메일을 받았다. 이듬해에 북미주대회

강사로 내정이 되었는데 지금 이런 상황에서 어떻게 가겠는가? 그래서 못 갈 것이라고 생각했다가 생각을 바꿨다고 한다. 미국 집회에 가기로 했다는 것이다. 내 마음에 '아, 이건 정말 아닌데' 하는 생각이 들어서 말리려는데, 이메일에 이런 내용이 있었다.

이번 북미주 방문은 제게 여러 의미가 있습니다. 2003년부터 매년 방문하여 젊은 실업인과 전문인들과 더불어 디아스포라 사명과 다음 세대를 향한 꿈과 비전을 나누었는데, 이제 그 필요가 1세대 어른들께도 공감이 되어 실제적인 초석을 쌓는 계기가 마련된 것입니다. 이 일을 생각하면 가슴이 뛰고 설렘으로 소망을 갖게 된답니다. 시한부 인생에게도 꿈과 비전으로 가슴 뛰게 하시는 하나님을 찬양하지 않을 수 없습니다. 쉽지 않은 일이겠지만 병실에서 하나님이 제게 주신 말씀을 가슴에 새기며 다녀올 예정입니다.
주저하다 시도도 하지 못하고 포기하는 시시한 인생이 되기보다 하나님께서 주신 부르심의 소명을 좇다 무너질지라도 그 일을 선택하는 능력 있는 크리스천으로, 당당히 열방과 세계 가운데 주가 높임을 받으시는 그 일에 사용되는 도구가 되기를 원합니다.

나는 그 메일을 읽으며 마음 깊은 데서부터 뜨거움이 솟구치는 것을 느꼈다. 특히 "시한부 인생에게도 꿈과 비전으로 가슴 뛰게 하시는 하나님을 찬양하지 않을 수 없습니다"라는 부분을 읽고 또 읽으며 마음에 큰 도전을 받았다.

이분이라고 죽음의 두려움과 공포가 왜 없었겠는가? 그러나 이런 생사를 초월하는 놀라운 꿈, 그리고 그 꿈이 가능하도록 그 배후에 계시는 성령님의 강력한 역사하심을 느낄 수 있었다. 인간의 한계를 뛰어넘게 하시는 성령님의 강력한 역사가 있으면 죽음의 공포도 극복하게 만든다는 사실에 감사했다.

깊은 상처를 치유하는 하나님의 위로하심

그 집사님이 병을 만났다는 소식을 들은 이후로 치유에 대한 기도가 많이 나왔다. 그래서 성찬식을 하면서도 예배 중에 치유가 일어나기를 바란다고 기도했던 적도 있고, 예배 중에 육신의 병과 마음의 병이 있는 분들을 일으켜 세워서 같이 기도하기도 했다. 그랬더니 그 즈음에 치유와 관련된 메일이 몇 건 왔었다. 그중에 한 젊은 자매가 보내온 메일을 소개하려고 한다. 그는 자기를 이렇게 소개했다.

저는 가수가 되고 싶었습니다. 하나님께서 길을 참 많이도 열어주셨지요. 보는 오디션마다 족족 붙여주셨고, 내로라하는 CF 음악감독과 뮤지컬 디렉터들에게 러브콜이 쇄도했습니다. 그러다 보니 하고 싶은 것은 다하고 살았던 대학 생활이었습니다. 가수도, 방송작가도 뭐 그냥 쉽게 쉽게 길이 열리고 러브콜도 오고요.

이렇게 잘나가던 자매에게 큰 시련이 닥쳤다. 깊은 내용은 밝히지 않겠지만 젊은 자매로서는 감당하기 어려운 시련이었다. 그 다음 내용은 이렇다.

저는 급기야 깊은 우울증에 빠져 밤에 잠 한숨 못 자고 헛소리를 해대고 가만히 있다가 퍼뜩 정신 차리면 한 손에는 칼이 들려져 있고, 한 손에는 못을 잡고 있는 이런 날들이 계속 되었습니다.

그 절망적인 상황에 이런 글도 있었다.

엄마, 미안해. 나 먼저 갈게. 지옥에 떨어져도 할 수 없지 뭐.

어떤 상황인지 짐작이 가지 않는가? 그런데 이 젊은 자매가 참 귀한 것은 이대로는 안 되겠다고 결단하고 사력을 다해 하나님을 찾은 것이다. 예배를 붙잡았다. 기도에 매달렸다. 결단을 하고 하나님 앞에 예배하며 기도자로 나아갔는데, 신실하신 하나님께서 인생의 벼랑 끝에 서 있던 자매를 만나주셨다. 예배 가운데 이 자매의 이름을 불러주신 것이다.

'얘야, 내가 널 참 많이 사랑해'

이런 하나님의 만져주심을 경험했다. 내가 아는 어느 목사님은 아버지가 한국 분이셨고, 어머니는 외국 분이시다. 그래서 어린 시절에 혼혈인으로 당해야 했던 상처들이 많았다고 한다. 그런데 그 끔찍한 열등감을 치유하게 된 결정적인 계기는 어머니를 통해 들려주신 하나님의 위로하심이었다고 한다.

'네 피부 색깔이 어떠하든지, 네가 어떤 형편에 처했든지 너는 너 자체로 너무 귀하단다. 나는 너를 사랑해.'

이 자매 역시 이 목사님과 마찬가지로 하나님의 만져주심을 통해 치유를 경험하게 된 것이다. 그 자매는 이 부분에 대해 이렇게 말했다.

그때 저는 온통 저 혼자 버림받았고 갈 곳도 없다고 느꼈습니다. 아무도 없는 캄캄한 가운데 외롭게 몸부림치며 고통 가운데 신음조차 낼 수 없었습니다. 오직 죽음밖에는 끝낼 길이 없다며 온 가족을 버리고, 또 온 가족이 예수님을 버리게 만들었습니다. 그렇게 지옥보다 더 지옥 같았던 그 상황에서 형언할 수 없는 따뜻한 주님의 음성이 내 모든 상황을 회복시키셨습니다.

제가 집에 돌아오자 엄마는 맨발로 대문에 나와서는 눈물을 흘리시며 "하나님께서 너를 살리셨구나. 네 얼굴이 해와 같이 빛나"라고 말씀하셨습니다.

나는 이것이 복음인 줄 믿는다. 어두운 죽음의 그림자가 드리워져 있던 그 절망적인 자매가 해같이 빛나는 얼굴로 바뀌는 것, 이게 바로 복음의 능력이다.

　우리도 이 자매처럼 고통스러운 인생의 문제를 만나면 그 문제를 가지고 하나님 앞으로 나아가야 한다. 요한일서 4장 4절에 보면 우리 하나님은 이렇게 말씀하고 계신다.

　자녀들아 너희는 하나님께 속하였고 또 그들을 이기었나니 이는 너희 안에 계신 이가 세상에 있는 자보다 크심이라 요일 4:4

　주님은 나를 괴롭히는 문제, 나를 대적하는 악한 것들, 내 주변의 못된 원수들을 이기었다고 말씀하신다. 내 문제보다 크신 하나님, 내가 고통하고 절망하고 있는 그 어떤 문제보다 더 크신 하나님, 이 하나님을 경험하는 것이 예배이다.

　그래서 나는 기도한다. 예배에 복음의 능력이 나타나기를. 예배에 복음의 능력이 나타나 예배드리기 위해 문을 열고 들어올 때에는 얼굴이 어둡고 마음에는 좌절과 근심으로 가득했는데, 예배를 드리는 가운데 하나님의 은혜가 경험되고 복음의 능력이 나타나고 치유가 일어나 집으로 들어갈 때는 가족들이 이렇게 말하게 되길 바란다.

　"당신에게 무슨 일이 일어난 거예요?"

　"아빠에게 무슨 일이 일어난 거예요?"

　"얘야, 너에게 무슨 일이 일어났니? 지금 너의 얼굴이 해같이 빛나."

예배 때마다 이런 놀라운 일들이 일어나기 바란다.

은혜 받았으면 나가야 한다

중요한 것은 지금부터다. 에베소서 1장 20절을 보라.

> 그의 능력이 그리스도 안에서 역사하사 죽은 자들 가운데서 다시 살리시고 하늘에서 자기의 오른편에 앉히사 엡 1:20

능력의 지극히 크심으로 예수 그리스도께서 죽음을 이기시고 부활하셨다. 그런데 여기서 중요한 것은 그렇게 죽음의 권세를 이기신 예수님이 어디로 그 영향력을 펼치고 계시는가?

> 모든 통치와 권세와 능력과 주권과 이 세상뿐 아니라 오는 세상에 일컫는 모든 이름 위에 뛰어나게 하시고 엡 1:21

여기 나오는 통치와 권세와 능력과 주권, 이런 표현들은 영적인 존재들의 강력함을 설명한다. 그런가 하면 22절에서는 어떻게 말씀하시는가?

> 또 만물을 그의 발 아래에 복종하게 하시고 그를 만물 위에 교회의 머리로 삼으셨느니라 엡 1:22

무엇을 강조하는가? 예수 그리스도가 교회의 머리가 되시기도 하지만 동시에 만물의 통치자요 온 세상을 다스리시는 주권자가 되신다는 이야기다. 골로새서 1장 18절에도 이렇게 기록되어 있다.

그는 몸인 교회의 머리시라 골 1:18

그런데 골로새서 2장 10절에서는 또 이렇게 기록한다.

너희도 그 안에서 충만하여졌으니 그는 모든 통치자와 권세의 머리시라 골 2:10

이런 말씀들이 강조하는 것이 무엇인가? 부활하신 예수님은 그저 교회에만 머물러 계시는 것이 아니라 세상의 통치자가 되셨다는 것이다. 예수님은 교회 안에 제한된 분이 아니시다. 예수님은 교회의 머리가 되시지만 내가 몸담고 있는 직장에서도 머리가 되신다. 우리 아이들이 다니는 학교에서도 예수 그리스도는 통치자가 되신다. 그래서 아브라함 카이퍼(Abraham Kuyper)는 이런 말을 했다.

"인간 존재의 전 영역에서 만물의 주님이신 그리스도께서 '이것은 내 것이다'라고 선언하지 못하시는 곳은 단 한 뼘도 없다."

얼마나 상징적인 표현인가? 그렇기 때문에 은혜 받았다고 교회 안에서만 맴도는 것은 좋지 않다. 은혜 받았으면 삶의 현장으로 침투해 들어가야 한다. 은혜 받았으면 삶의 현장에서 선한 영향력을 끼쳐야 하는 것이 우리의 사명이다. 그래서 나는 이 찬송가를 참 좋아한다.

저 장미꽃 위에 이슬 아직 맺혀 있는 그때에
귀에 은은히 소리 들리니 주 음성 분명하다
주님 나와 동행을 하면서 나를 친구 삼으셨네
우리 서로 받은 그 기쁨은 알 사람이 없도다
_ 새찬송가 442장

상상만 해도 아름다운 장면 아닌가? 나를 친구 삼아주시는 주님과 교제하는 기쁨의 현장, 생각만 해도 황홀한 순간이다. 하지만 이 찬양에서 내 마음을 뜨겁게 하는 것은 3절 가사이다.

밤 깊도록 동산 안에 주와 함께 있으려 하나
괴론 세상에 할 일 많아서 날 가라 명하신다

은혜 받았으면 삶의 현장으로 가야 한다는 주님의 음성을 나는 이 찬양을 통해서 듣곤 한다.

제자들의 사명은 세상에 있었다
마태복음 17장에 기록된 변화산 사건도 마찬가지 아닌가? 예수님은 베드로와 야고보, 요한을 데리고 산으로 올라가셨는데, 그곳에서 제자들은 상상을 초월하는 황홀한 경험을 하게 된다. 얼마나 황홀했던지 인간의 필설로는 기록도 안 된다. 너무나 황홀해서 베드로가 이렇게 말했다.

베드로가 예수께 여쭈어 이르되 주여 우리가 여기 있는 것이 좋사오니 만일 주께서 원하시면 내가 여기서 초막 셋을 짓되 하나는 주님을 위하여, 하나는 모세를 위하여, 하나는 엘리야를 위하여 하리이다 마 17:4

무슨 뜻인가?
"예수님! 우리 내려가지 말고 여기서 그냥 살아요!"
얼마나 황홀했으면 이런 말씀을 드렸겠는가? 그러나 우리는 그 간청이 응답되지 못했다는 것을 잘 알고 있다. 결국은 아쉬움을 뒤로 하고 베드로를 포함한 세 명의 제자는 산을 내려왔다. 그런데 그 황홀한 산에서 내려오자마자 복잡한 사건이 그들을 기다리고 있었다. 마태복음 17장 15,16절을 보니 이렇게 기록하고 있다.

주여 내 아들을 불쌍히 여기소서 그가 간질로 심히 고생하여 자주 불에도 넘어지며 물에도 넘어지는지라 내가 주의 제자들에게 데리고 왔으나 능히 고치지 못하더이다 마 17:15,16

예수님과 제자들이 왜 그 황홀한 변화산에서 내려올 수밖에 없었는지 알 수 있지 않은가? 해야 할 사명이 기다리고 있었기 때문이다. 나는 은혜 받은 우리가 마음에 담아야 할 중요한 포인트가 이 말씀 속에 있다고 생각한다.

밤 깊도록 동산에서 세상과 나는 간 곳 없고 주님과의 황홀한 영적 교제를 누리며, 세상의 더러운 오염 하나 내게 영향을 미치지 않는 수도원 같은 삶을 주님은 원하지 않으셨다. 비록 때로는 죄악에 걸려 넘어지기도 하고, 능력이 나타나지 않아 사람들에게 조롱을 당하기도 하지만, 유혹에 넘어져 비참해지기도 하고 이런 저런 아픔이 있는 현실이지만, 주님은 우리의 무대를 청아한 동산이 아니라 열악한 삶의 현장으로 삼기를 원하신다.

이런 예수님의 마음이 담겨 있는 말씀이 마태복음 5장 13-16절이다.

너희는 세상의 소금이니 소금이 만일 그 맛을 잃으면 무엇으로 짜게 하리요 후에는 아무 쓸 데 없어 다만 밖에 버려져 사람에게 밟힐 뿐이니라 너희는 세상의 빛이라 산 위에 있는 동네가 숨겨지지 못할 것이요 사람이 등불을 켜서 말 아래에 두지 아니하고 등경 위에 두나니 이러므로 집 안 모든 사람에게 비치느니라 이같이 너희 빛이 사람 앞에 비치게 하여 그들로 너희 착한 행실을 보고 하늘에 계신 너희 아버지께 영광을 돌리게 하라 마 5:13-16

주님이 강조하시는 포인트가 무엇인가? 너희들의 믿음이, 너희들의 영적 충만함이 교회 안에서만 작동되어서는 안 된다는 것이다. 세상에서 영향력을 발휘해야 한다고 하신다.

우리나라가 7,80년대 교회가 불같이 일어날 때 잘못한 것 중의 하나가 이것이다. 은혜가 넘칠 때 세상을 점령했어야 한다. 그런데 우리는 기도원으로 갔다. 산으로 올라갔다. 물론 은혜를 갈망하는 태도도 중요하지만, 그 은혜의 에너지를 삶의 현장을 변화시키기 위해 애쓰고 몸부림치는 쪽으로 흘려보냈어야 한다. 그리고 이런 기도를 드렸어야 한다.

"하나님, 우리의 어린 자녀들이 대한민국의 부패한 정치계를 흔들 인물로 쓰임받게 하여주십시오. 경제계를 뒤집는 데 은혜 받은 우리 아이들을 사용해주세요. 혼란한 교육계를 변화시키는 데 우리 아이들을 사용해주십시오."

불행하게도 우리는 이런 기도에 실패했다. 지금이라도 우리는 요한복음 17장 18절에서 말씀하시는 주님의 심정을 헤아려드려야 한다.

아버지께서 나를 세상에 보내신 것같이 나도 그들을 세상에 보내었고 요 17:18

제자들의 사명이 어디에 있는가를 주님은 분명히 말씀하신다. 그들은 세상으로 파송되었다. 자기들끼리 알콩달콩 사는 것이 주님의 부르심의 목적이 아니다. 그렇다면 여기서 세상으로 파송되었다는 말은 무엇을 의미하는가? 몸은 세상에 발을 딛고 있지만 세상에 속하지 않는 인생이 되는 것이다. 파송되었기 때문이다. 우리에게 이 신분의식의 회복이 필요하다.

세상 속에서 성령 충만하기

여기서 한 가지 중요한 사실이 있다. 진정 성령 충만해야 되는 이유가 어디 있는가? 요한복음 20장 21,22절을 보자.

> 예수께서 또 이르시되 너희에게 평강이 있을지어다 아버지께서 나를 보내신 것 같이 나도 너희를 보내노라 요 20:21

그리고 그 다음을 보자.

> 이 말씀을 하시고 그들을 향하사 숨을 내쉬며 이르시되 성령을 받으라 요 20:22

여기 보면 부활하신 예수님이 제자들에게 성령을 주시는 동기가 세상으로의 파송과 연관되어 있음을 알 수 있다. 여기 나오는 '보낸다'는 말은 원어로 보면 그냥 보내는 것이 아니라 사명이나 임무를 띠고 보내는 것을 의미한다. 그러니 성령 충만은 사명과 임무를 띠고 세상으로 나가는 자들에게 주시는 축복의 선물인 것이다.

나는 우리 교회가 주일날 예배 잘 드린다고 소문난 교회가 되기를 원한다. 그와 동시에 그렇게 예배의 기쁨을 누린 성도들이 엿새 동안 세상 곳곳에서 빛과 소금의 역할을 감당하기 원한다. 감사한 것은 실제 이런 삶을 살아내는 성도들이 많다는 사실이다.

자기 삶의 현장인 병원에서, 약국에서, 가게에서, 회사에서 그리고 유치원, 초등학교, 중고등학교, 대학교 캠퍼스 곳곳에서 받은 은혜의 힘으로 그리스도인의 향기를 드러내며 사명을 감당하는 분들이 많다는 사실에 기쁨을 느낀다. 나는 우리 교회가 예배드릴 때만 요란하고 시끌벅적한 교회가 아니라 일주일 내내 세상 곳곳에서 하나님의 통치를 이루어드리기를 원한다.

국회를 사역지로 삼았던 사람

내가 늘 마음으로 존경하는 한 인물이 있다. 영국의 노예 해방자 W. 윌버포스이다. 그는 1759년, 부유한 상인의 아들로 태어났다. 영국의 케임브리지대학교를 졸업하고, 대학생이던 21세에 국회의원에 당선됐다. 대단한 사람이다. 이렇게 영국 상류 사회의 엘리트로 탄탄대로를 걷고 있던 그는 26세 되던 해, 처음 중생(重生)을 경험한다. 하나님을 만나게 된 것이다. 그때 그에게 영향을 미쳤던 목사님이 '나 같은 죄인 살리신(Amazing Grace)'이란 찬양을 만든 존 뉴턴 목사님과 아이작 밀러 목사님이었다.

그 이후로 윌버포스는 매일 아침 두 시간씩 기도와 말씀 묵상을 하는 데 시간을 할애했다. 중요한 것은 그렇게 기도와 묵상에만 시간을 보낸 것이 아니라 그때까지 자기가 누리던 상류사회의 퇴폐한 습관, 최고급 도박장, 극장, 클럽 등 쾌락적인 모든 것을 다 끊어버렸다. 그리고 당시 저질적인 영국의 정치 풍토에 혐오감을 느끼게 되어 국회의원을 그만두려고 했다. 그래서 자기의 멘토인 존 뉴턴 목사님을 찾아가 조언을 구했다.

"내가 하나님을 알고 보니 이 정치에 회의가 느껴집니다. 목사님, 이제 국회의원을 그만두고 목사가 되려 하는데 어떻게 생각하십니까?"

그러자 존 뉴턴 목사님은 유명한 한 마디를 했다.

"하나님께서는 각각의 사람에게 각각의 다른 콜링을 주셨습니다. 하나님께서 부른 당신의 목회지는 영국의 정치계입니다. 하나님은 하나님의 교회와 이 나라의 영광을 위하여 당신을 세우셨습니다. 그러므로 당신이 국회에 남아 있는 것이 하나님을 위한 것입니다."

여기에 윌버포스는 도전을 받고 정치를 계속한다. 그런데 그 부패한 정치 상황에서 윌버포스는 무엇을 할 수 있었을까? 28세가 되던 어느 아침이다. 묵상을 하는 가운데 그는 하나님으로부터 비전을 받게 된다. 그는 이렇게 말했다.

"전능하신 하나님은 내게 두 가지 사명을 주셨다. 하나는 영국의 노예제도를 폐지하는 것이요, 또 하나는 영국 국민의 삶을 개혁하는 것이다."

그는 74세로 눈을 감을 때까지 이 두 비전에 인생을 걸었다. 당시 노예 제도는 영국 경제의 버팀목이었다. 노예 제도를 포기하는 것은 나라 수입의 3분의 1을 포기하는 것이었다. 그러니 노예 제도 폐지를 위해 애쓰는 윌버포스가 얼마나 많은 핍박과 공격을 받았겠는가? 그의 정적들은 노예 제도 폐지를 막으려고 두 번이나 그를 암살하려 했다. 이런 살해 위협을 이겨내며 그는 노예 해방의 놀라운 업적을 이루어낸다.

나는 우리 성도들이 윌버포스를 마음에 담으면 좋겠다. 지금 각자가 맡고 있는 삶의 현장에서 어떻게 하면 윌버포스의 정신을 구현해낼 수 있을지 고민하면 좋겠다. 본인뿐만 아니라 자녀들에게도 그 꿈을 심어주기를 바란다.

그야말로 정치계, 경제계, 교육계 등에서 제2의 윌버포스 같은 인물이 배출되기를 기도한다. 이것을 놓고 함께 기도하자. 그리고 함께 꿈꾸자. 우리가 기도할 때 이 기도를 응답해주실 하나님을 기대하자.

에클레시아 : 부르심을 받은 자들

초판 1쇄 발행	2017년 4월 12일
초판 3쇄 발행	2017년 4월 17일

지은이　　이찬수

펴낸이　　여진구
책임편집　　이영주
편집　　김아진, 안수경, 최현수
책임디자인　　이혜영, 노지현 | 마영애
기획 · 홍보　　김영하　　　　　　해외저작권　　기은혜
마케팅　　김상순, 강성민, 허병용　　마케팅지원　　최영배, 정나영
제작　　조영석, 정도봉　　　　　　경영지원　　김혜경, 김경희

이슬비전도학교　　최경식, 전우순　　　　303비전성경암송학교　　박정숙
303비전장학회 & 303비전꿈나무장학회　　여운학

펴낸곳　　규장

주소　06770 서울시 서초구 매헌로 16길 20(양재2동) 규장선교센터
전화　02)578-0003　　팩스　02)578-7332
이메일　kyujang0691@gmail.com　　홈페이지　www.kyujang.com
트위터　twitter.com/_kyujang　　　페이스북　facebook.com/kyujangbook
등록일　1978.8.14. 제1-22

책값　뒤표지에 있습니다.
ISBN　978-89-6097-492-0　03230

규 | 장 | 수 | 칙

1. 기도로 기획하고 기도로 제작한다.
2. 오직 그리스도의 성품을 사모하는 독자가 원하고 필요로 하는 책만을 출판한다.
3. 한 활자 한 문장에 온 정성을 쏟는다.
4. 성실과 정확을 생명으로 삼고 일한다.
5. 긍정적이며 적극적인 신앙과 신행일치에의 안내자의 사명을 다한다.
6. 충고와 조언을 항상 감사로 경청한다.
7. 지상목표는 문서선교에 있다.

하나님을 사랑하는 자 곧 그의 뜻대로 부르심을 입은 자들에게는 모든 것이 合力하여 善을 이루느니라(롬 8:28)

규장은 문서를 통해 복음전파와 신앙교육에 주력하는 국제적 출판사들의
협의체인 복음주의출판협회(E.C.P.A:Evangelical Christian Publishers
Association)의 출판정신에 동참하는 회원(Associate Member)입니다.